「お金の不安」を
やわらげる
科学的な方法

Financial
Therapy

ファイナンシャル・
セラピー

上原千華子

日本能率協会マネジメントセンター

JN073584

## まえがき

　数あるお金の本から本書を選んでいただき、ありがとうございます。
「お金の不安で、将来が見通せない」
「お金の勉強をしたいけど、手探り状態」
「ファイナンシャル・セラピーっていい響き。何だろう？」
　さまざまな理由でご購入いただいたと思います。

　私はこれまで、少人数やマンツーマンの講座で、経営者・起業家・会
社員に金融教育を行ってきました。
　最初は、単発セミナーで「資産運用の始め方」といったやり方を教え
ていましたが、受講生によって行動にばらつきがありました。

- 学んだ通りに実践する人
- 怖いからと行動しない人
- 気が大きくなって、高リスク投資をしようとする人

　どうしたら、受講生が正しい知識を身につけて自分に合う資産形成を
し、将来の安心を得られるのか。
　私は、金融の実務経験、個人投資家としての経験、脳科学・心理学の
知識を駆使して、4年間試行錯誤しました。
　そしてついに、「お金の不安」をやわらげる科学的な方法を見つけた
のです。そのヒントがファイナンシャル・セラピーにあります。
　私は途中から教え方を変え、「6ヶ月マネー実践講座」を提供するよう
になりました。

　ファイナンシャル・セラピーとは、お金の問題を心理的側面から解決

するサービスです。金融アドバイスと心理カウンセリング、ワークを通して、お金の不安や恐れと向き合い、やわらげていきます。

すると、全ての受講生が、講座の時間内にワークをするだけで、自分の価値観に合った資産形成ができるようになったのです。

教え方1つで、こんなにも受講生の行動が変わるのかと驚きました。

私は、銀行員の父からお金の教育を受けて育ち、子どもの頃からお金や経済に興味がありました。金融機関で働く夢を持つも、厳しい世界だからと家族に反対され、国立大学卒業後は、大手メーカー国際部の総合職として社会人をスタートしました。

しかし、金融への興味は増し、イギリス系石油会社を経て欧米系投資銀行へ転職。そこで私は初めて、プロのトレーディングを知りました。

その後私は17年間、金利・債券取引のリスク管理やクライアント・サービスに従事し、世界トップレベルの金融知識を身につけました。

一方で、実生活では25年以上資産運用を続けているものの、大きな悩みがありました。それは、人一倍お金の不安が強いこと。いくら対策をしても、金融知識と資産運用だけでは不安が消えなかったのです。

私自身、独立後に出会った受講生たちと同じ悩みを抱えていたのです。

私はその悩みを解消したいと思い、独立後、脳科学や心理学を学びました。そしてその中でファイナンシャル・セラピーと出合ったのです。

こうした実体験や、私の講座を受講してくださった方の事例、ファイナンシャル・セラピーの概念から編み出されたのが、本書で紹介する独自メソッド「ウェルス・ファイナンシャル・セラピー®」です。

たとえば私の受講生は、

- お金を大切に使い、増やせる自信がついて、幸福感を得られるようになった
- 自分の価値観とライフプランを見つめ直せた
- 資産形成は How to だけではない！　思い込みを手放せるようになった

など、大きな変化を体験されており、今では口コミでセミナーを受講してくださる方が増えています。

　本書は、よくある「お金持ちのマインドセット」や「資産運用の始め方」という概念・知識メインの本ではありません。

　金融知識があまりない初心者の方でも、「知識はあるのに実践できない」という方でも、本書のメソッドを実践することで、金融知識が身につくのはもちろん、自分らしいお金の価値観が明確になり、実現したい未来や自分に合った資産形成ができるようになる、新しい切り口の「お金の実用書」です。

　物価上昇、世界経済不安の今だからこそ、周りの情報に振り回されず、「自分に合った資産形成を始めて、安心を得てほしい」という気持ちで本書を執筆しました。

　まずはご自身の「お金に対する価値観」に気づいて、自分に合ったライフプラン、資産形成を実践することで、現状を大きく変えられます。
　ぜひ、第1章から読み進めて、実践してみてください。

　2023年7月

上原千華子

## 第 4 章　お金の価値観ワーク

# 第5章　安全に資産運用するには

第 **6** 章　｜　資産形成の先にあるもの

※「ウェルス・ファイナンシャル・セラピー®」は株式会社ウェルス・マインド・アプローチの登録商標です（登録668701）

第 **1** 章

なぜ今、
お金×心理学・
脳科学なのか

# 「資産形成は必要」と分かっているのに、なぜ始められないのか

　人生100年時代、物価高騰、政情不安……。漠然とお金の不安を抱える人は多いのではないでしょうか。

　その解決策のひとつが「資産形成」ですね。

　実際、20〜30代を中心に投資を始める人が増えています。


　一方、資産形成の必要性を分かっていながら、なかなか始められない人が多いのも事実です。

　なぜ分かっていながら、なかなか行動に移せないのでしょうか。


「これって私のことかも？」と思った人、安心してください。同じ悩みを抱えている人はたくさんいます。

　私がよく受ける相談の中から、具体的な理由を見ていきましょう。


## 学んでも行動しない。
## 無意識にかけている心のブレーキ

### 1 投資は怖い

　私のセミナーには、「投資が怖くて、なかなか一歩を踏み出せない」と悩む方がたくさん参加されます。

　その中には、投資が怖い理由がはっきりしている人もいます。


　まずは、身近な人から投資の失敗談を聞いた、または目の当たりにしたケースです。

「父が投資に熱をあげて、老後資金の大半をなくしてしまった」

「祖父が高リスク商品に投資しオイルショックで大損失、一家離散寸前となった」

などです。

お話を伺うと、ほとんどの場合は「投資」ではなく「投機(とうき)」で、短期取引や高リスク商品の取引が原因です。

このように、身近な人が生活の基盤を失うほどの損失を被った場合、トラウマになりやすくなります。

投資に対してだけでなく、お金そのものに恐怖を感じる人もいるでしょう。

むしろ「怖い」と思うことは当然に思えます。

こういう心理状態の人は、投資を躊躇(ちゅうちょ)する傾向にあります。

仮に投資を始めたとしても、苦しい気持ちになる、少額しか投資しないなど、消極的な態度になりがちです。

もうひとつのよくある原因は、両親から「投資は危険だから、やってはいけない」と言われて育ったケース。

その中には、投資の失敗談を見聞きした親が、家訓として子どもに伝える場合と、両親が「投資はギャンブルだ」と思い込んで、子どもに伝える場合などがあります。

その他にも、はっきりした理由なく投資に恐怖心を抱いている方もいます。

単に慎重な性格というだけでなく、お金に恐怖を抱くようなイベントが、過去にあったのかもしれません。

そのインパクトが強ければ強いほど、無意識に心の奥底に押し込んでいる可能性があります。

## 2 お金に縁がないと思っている

投資に限らず、お金全般に言えることですが、「自分はお金に縁がない」と思っている人は一定数います。

その中には「投資はお金持ちがやるもの」と思っている人もいるでしょう。

苦しい経済状況の中で育った人は、その傾向が強くなります。

実は、私も思い当たる節があります。

私は宮崎県の中流家庭出身です。

銀行員で倹約家の父、専業主婦の母と兄の4人家族の中で、のんびり育ちました。

家庭内では銀行預金の話題が日常的。高金利だった当時、銀行に預ければ利息でお金が増えることや、優遇制度があるといったことも父から教わりました。

小学3年生の時、父から「お兄ちゃんと二人で銀行に行って、お年玉を貯金してきなさい」と言われ、子どもだけで銀行口座を開設したことも。

小学生にして少ないお小遣いをやりくりし、10月生まれの家族3人分の誕生日プレゼント代を捻出するなど、父の質素倹約な考え方を受け継いで、自然とお金や経済に興味を持つようになりました。

その頃までは、私のお金との関係性はとても健全でした。

しかし、大学入学直後に父が病気で突然他界し、大学中退の危機に。大学4年間は経済的にずっと苦しい状況でした。

クラスメイトは富裕層の家庭の子が多く、「私はお金のない家の子」として見られ、惨めな大学生活でした。

自分はこの先ずっと、お金に縁がない人生かもしれないと思ったこともあります。

振り返ると、質素ながら毎日3食食べていたし、電気も水道もある生活でした。誰もが憐（あわ）れむ極貧生活だった訳でもありません。

ただ、周りの裕福なクラスメイトから「突然お父さんが亡くなって、貧乏になったかわいそうな人」として見られ、経済的に余裕のない状況が、「私はお金に縁がない」という思い込みを作っていったのだと思います。

まずは、なぜお金に縁がないと思っているのか、理由に気づけば、フラットな気持ちでお金と付き合えるようになります。
お金を増やすことにも目を向けられるようになるでしょう。

### 3 やらない理由を探し続けている

私のセミナーに来られる方は、講座で学んだことを素直に実践される方が多いのですが、残念ながら全員がそうとは限りません。
中にはまったく行動に移さない方もいました。

2年間のうちに3回も私のセミナーに参加した40代の女性は、とても真面目で、情報へのアンテナが高く、投資の始め方や金融についての情報を懸命に収集していました。

セミナー中も真剣に話を聞いてメモをとり、質問していたので、印象に残っています。
そして、「つみたてNISAをやってみます！」と目を輝かせて帰っていきました。

ところが、2年後にひょっこり私のセミナーに現れたのです。そして、まだつみたてNISAを始めていないとのことでした。

　詳しくお話を伺うと、情報収集していたら友達に「FPの資格を取るのが一番いい」と言われたそうです。

　そこで新たな悩みが出てきて、「いろんなセミナーに参加するより、FPの資格を取った方がいいのでしょうか」と質問してきたのです。

　どうしてそう思ったのか、質問を続けると、
「AさんはFPの資格取得が近道だって言うし、金融機関に勤めているBさんは、つみたてNISAよりiDeCoだよって言うし、何がなんだか分からなくなってきて」
　とのこと。

　私は、「正解は人によって違うんですよ。一番大切なのは、他人の意見に流されずにお金の判断を自分でできるようになること。私のセミナーでは、中立公正な立場で判断基準をお伝えしています」
　と言いました。

　彼女は、「そうなんですね。分かりました。またいろいろと調べて考えてみます」と答え、再び情報収集の旅へ出かけていきました。

　彼女自身は、自分が行動できないのは「友達が○○と言ったから」のように、外部に原因があると思っています。

　しかし投資に限らず、いつまでも行動しない場合、本当の原因は自分の心の中にあります。

　特に、行動できないのは自分以外のせいだと主張する人ほど、深層心理に何かが引っかかっているのです。

　ひょっとしたら過去に、誰にも言いたくないお金のトラブルがあった

のかもしれないし、自分の判断に自信が持てなくなる出来事があったのかもしれません。

人は誰でも、外部要因で心を揺さぶられる生き物。判断に迷ったり、落ち込んだりします。

しかし、そういう自分を「ダメだな」なんて責めないでください。

行動できない本当の原因は自分の心の奥底に隠れていて、「行動しないという行動」を取らせているだけなのです。

この事実に気づいて、心の重荷を降ろしましょう。

詳しくは第3章で説明します。

このほかにも、忙しい、誰に相談してよいかわからないといった理由から、お金について学んでも、行動に移せない人はたくさんいらっしゃいます。

本書では、自分の行動にブレーキをかけている価値観や思い込みに気づき、不安を手放していけるようサポートしていきます。

**ポイント**

行動しない本当の原因は、自分の心の中にある。自分を責めるのではなく、行動できない理由をやさしく自分に問いかけてみよう。

# 知らないから怖い。
# 無知が一番のリスク

## 一番のリスクは、本当のことを知らないこと

　ここまで、さまざまな投資についてのイメージを見てきましたが、投資の一番のリスクとは何だと思いますか。

　損をするかもしれないこと？　予測できないこと？

　どちらも正解ですが、実は一番のリスクは「知らないこと」。

　その中でも怖い3つのケースを見ていきましょう。

### 1 「自分は知らなくてもいい」と考えている

　投資に対する思い込みから、自分は投資や経済のことを知らなくてもいいと考えてしまう。

　これが一番のリスクだと私は考えています。

　その中には、お金に無頓着な人もいるかもしれません。

　このような人たちは、情報収集もしませんし、専門家に相談することもないでしょう。

　たとえば、「インフレ率3%の場合、3%以上で資産運用しないとお金の価値は下がる」と知らずに、貯金だけをして長い人生を送ったとしましょう。

　すると、資産運用などの対策をしなければ、物価はどんどん上がるのに、使えるお金は年々少なくなる現実が待っています。

　お金さえあれば幸せになるとは限りません。しかし、どんな人でも生

きていく上でお金は必要です。

　まずは、お金と真剣に向き合い、本当のことを知りましょう。

### 2　情報を鵜呑みにする

　以前、20代の女性とプライベートで会話した時のことです。

　その方は「友達から『つみたてNISAはお得だから、始めた方がいい
よ』とすすめられたんですよ」と話し始めました。

　それを聞いた私は少し心配になり、「つみたてNISAは初心者向きで
いいですよね。お友達は、どうやって金融商品を選んでいるのですか?」
と聞いてみたところ、衝撃の答えが返ってきたのです。

「SNSで適当に検索して、おすすめの銘柄を買うらしいです。私もそ
うします!」

　あまりにもびっくりして、思わず仕事モードになりました。

「いや、SNSの情報を鵜呑みにして投資するなんて危険ですよ!　ちゃ
んと勉強してから始めてくださいね!　全世界に分散することが大事で
すよ」

　とお伝えしました。

　実は、このようなケースはとても多いのです。特に、SNSを主な情報
源にしている20〜30代に多い傾向があります。

「資産形成」に関する情報は、老後2000万円問題が話題となった2019
年頃から、よく見かけるようになりました。

　2020年前後には、経済的な自立と早期リタイアを目指すFIRE(Financial
Independence, Retire Early)が若者の間でブームとなり、注目度がアップ。

　さらにコロナ禍の経済不安から、「どの銘柄がよいか」などの情報が、

さまざまなメディア、特にSNSで増えています。

SNSをのぞくと、おすすめのレストランを友達に聞く感覚で、目の前の情報に飛びつく人が多い印象です。

インフルエンサーの言う通りに投資を始める人もいます。

自分に合う金融商品や資産配分は、人によって違います。

一番大事なのは、「どの銘柄がよいか」ではなく、「なぜこの銘柄がよいか」、自分で答えを出せること。

この商品は自分にとって、どんなリスクとリターンがあるのか、理解することです。

人の言う通りにやると楽かもしれませんが、自分なりの答えを出すまでの重要なプロセスがごっそり抜けています。

仮に人にすすめられた商品を選んで損をしたとしても、投資判断は自己責任です。

### 3 分かったつもりでいる

30歳くらいの女性と個別相談でお話しした時のことです。

「2020年から積立投資を始めていて、資産運用の基礎は分かっています。運用はとてもうまくいっているので、今度は個別株の短期取引をやりたいです」とのことでした。

そこで、何に投資をしているのか尋ねると、「アメリカです」しか答えられないのです。

「アメリカの何に投資しているのですか?」と聞くと、「一般的な商品です。確かSがついたと思います」とのこと。

　彼女に対し、私は、

「自分が何に投資をしているのか、説明できる知識を身につけたほうが

いいですよ。私の講座では短期売買は教えていません」

　とお伝えしたのですが、その時は、たまたま自信過剰な人が相談に来

たのかなと思っていました。


　しかし、金融広報委員会発表の「金融リテラシー調査2022年」の結

果を見たとき、偶然ではないことが分かりました。

　図表1〜3にその結果の概要をまとめていますが、この調査によると、

金融リテラシー正誤問題の正答率は、全体で5割強。


　これ自体は前回の調査とほとんど変わらないのですが、特に30歳未

満（若年層）の正答率や望ましい金融行動をとる人の割合が低いことが見

て取れます。


図表1　金融リテラシー・マップの分野別正答率〈全25問〉

(%)

| 金融リテラシーマップの分野 | | 正答率（前回） |
|---|---|---|
| 家計管理 | | 50.7　（52.3） |
| 生活設計 | | 49.0　（50.8） |
| 金融知識 | 金融取引の基本 | 73.3　（74.0） |
| | 金融・経済の基礎 | 49.3　（49.8） |
| | 保険 | 53.4　（54.4） |
| | ローン・クレジット | 52.5　（54.4） |
| | 資産形成 | 54.7　（54.8） |
| 外部の知見活用 | | 64.8　（65.6） |
| 合　計 | | 55.7　（56.6） |

21

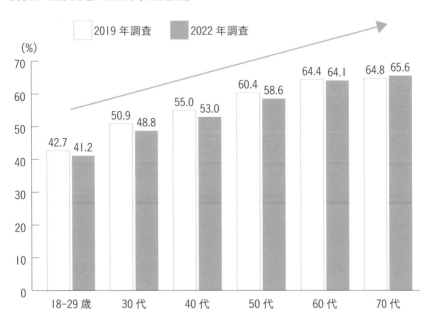

図表2　正誤問題の正答率（年齢層別）

図表3　客観的評価と自己評価の比較

| | 客観的評価<br>A | 自己評価<br>B | ギャップ<br>A−B |
|---|---|---|---|
| 18−29歳 | 74.0 | 92.5 | ▲ 18.5 |
| 30代 | 87.7 | 94.2 | ▲ 6.5 |
| 40代 | 95.2 | 93.5 | 1.7 |
| 50代 | 105.2 | 97.7 | 7.6 |
| 60代 | 115.2 | 108.0 | 7.3 |
| 70代 | 117.8 | 112.6 | 5.2 |

（注）客観的評価は「正誤問題25問の正答率」について、自己評価は「金融知識についての自己評価（Q17）」について、それぞれ全体の平均値を100とする指数化を行ったもの。ギャップのマイナス（▲）は、自己評価が客観的評価を上回っていることを示している。

また、若年層の金融知識に関する自己評価が客観的評価を大きく上回り、自信過剰傾向なのです。

　コロナ禍で投資を始めた人は、株価急落の経験が少ないので、「投資は簡単だ」と甘く見ているのかもしれません。
　一見自信があるように思えますが、投資の本当のリスクを分かっていないのでしょう。

　こういう人たちは、暴落が起きた時にパニック売りをする傾向にあります。投資は正しく恐れることが大切ですね。

## 投資にリスクはつきもの

　本書を手に取ってくださった方の中には、さまざまな理由から「今までなかなか資産運用を始められなかった」という方も多いと思います。
　ですからここで、金融でいう「リスク」とは何かを改めて整理しておきましょう。

　リスクというと、危険とか損失をイメージするかもしれません。
　しかし金融でいうリスクとは、「将来を予想できない」「不確実である」ことを意味します。

　金融のリスクにはさまざまな分類法がありますが、ここでは分かりやすいリスク3つをご紹介します。
　具体例を交えながら、詳しく見ていきましょう。

## 1 市場リスク

「今日の日経平均株価、○日の終値は、前日より○円○銭低い、○万○円○銭」

　このような経済ニュースを聞いて、株価がいつ、どれくらい上がって、どれくらい下がるのか、予想できないのかなと思ったことはありませんか？

「相場の高止まり、下げ止まりを読めるようになりたいです。どうしたら分かるようになりますか？」

　このようなことを、個別相談で聞かれることがあります。

　実は、これは機関投資家のプロでも分からないものです。

　もしピタッと当てることができれば、世の中のトレーダーは負けることはないと思いませんか？

　過去の値動きから、トレンドやパターンをつかみ、価格や動向を予測する「チャートで○○のサインが出たら、買い時、売り時」といったテクニカル分析がありますが、実際の相場は必ずしも過去のデータと一致しません。

　このように、市場価格が予想できないことを「価格変動リスク」といいます。その中には、株価や為替、金利の変動リスクが含まれます。

## 2 信用リスク

　もしあなたの投資先が破綻したら、どうなると思いますか。

　ビジネスをしている人ならイメージしやすいかもしれません。出資したお金がなくなったり、約束したお金を払ってくれない状態になったりします。

株式であれば、価値がゼロになって紙くずになってしまいます。

債券であれば、元金（がんきん）や利息の支払いが滞ったり、行われなかったりします。このような状態に陥る可能性があることを「信用リスク」といいます。

同じようなことは、企業だけではなく国の場合も起こります。

たとえば、2022年4月、ロシアが期限を迎えた国債の利払いを行わず、30日間の猶予期間を過ぎても払わなかったので、デフォルト（債務不履行）と認定されました。

投資するなら、信用できる相手に限りますね。

### 3 流動性リスク

みなさんは、フリマアプリなどで物を販売したことがありますか。

需要のある商品はすぐに売れるけど、ニッチな商品だと売れるまで時間がかかる。そんな経験をしたことがあるかもしれません。

需要が少なくて、希望価格で売れないことを「流動性リスク」があるといいます。

また、滅多にありませんが、取引所のシステムがストップしてしまい、取引できない状況に陥るかもしれないことも「流動性リスク」です。

知る人ぞ知る株式を購入し、売りたいと思っても買い手がいないかもしれません。買い手がいても、売りたい値段で売れないかもしれません。

投資をする際は、流動性も考えて取引するとよいですね。

なお、金融商品を売る人は、元本割れが起きる可能性がある商品を売

る時は、元本割れの原因を説明する義務があります。

　その中に、ご紹介したリスクの説明が含まれています。

　きちんと説明するのは、販売業者の義務。ちゃんと理解するのは、商品を買う私たちです。

## どれが儲かるかではなく、どうリスクを管理するか

　世の中には「○○に投資すれば儲かる」情報がたくさん出回っています。

　それに対して「投資にはこんなリスクがありますよ」という情報は少ないです。怖くなる情報より、儲かる情報の方が反応がよいからかもしれません。

　どれが儲かるのか、答えだけを知りたい人は、かなりの確率で投資で損をします。リターンに対するリスクを理解していないからです。

　リスクを理解してはじめて、投資のメリットを享受（きょうじゅ）できると考えましょう。

　むやみに恐怖心を抱くのも健全とはいえませんが、リスクをまったく知らないのも健全とはいえませんよね。

　まずは、市場リスク、信用リスク、流動性リスクがどんなものか、頭でイメージしましょう。

　その次に、なるべくリスクを減らす方法を実践すると心に決めましょう。

　リスクを減らす方法自体は簡単でも、きちんと守り続けることの方が難しいからです。

　運用を実践するうえでの心構えは、次の３つです。

## 1 長期積立投資をすると「心に決める」

投資商品は、価格が変動し、元本の保証はありません。

ただ、10年以上の長期で毎月積立投資をすれば、短期取引よりも資産が増えやすくなります。

## 2 分散投資をすると「心に決める」

「卵は一つのカゴに盛るな」という投資格言を聞いたことがありますか。

一つのカゴに卵を盛ると、カゴを落としたら全部の卵が割れてしまいます。しかし、いくつかのカゴに分けて卵を盛れば、仮にカゴを一つ落としても、他のカゴの卵は無事だということです。

卵を資金、カゴを金融商品に置き換えてみましょう。

一般的に、種類の違う金融商品は違う値動きをするため、複数の金融商品を組み合わせるとリスクを軽減できます。

## 3 高リスク商品は2割までと「心に決める」

投資は長期積立の分散投資だけで十分ですが、さまざまな金融商品に投資したくなる人もいるでしょう。

その時に絶対守っていただきたいのが「高リスク商品は全体の2割まで」のルールです。

これは、プロの機関投資家も採用している戦略です。

読んでみると、「なーんだ。聞いたことあるし、簡単そう！」と思うかもしれません。

しかし、このルールを実践し、継続するのは案外難しいのです。

特に、こまめに運用成績をチェックして一喜一憂する人は要注意。「利益が出たから売却しよう」「積立だと退屈だから、短期売買もやってみよう」など、人間は欲深い生き物です。

運用成績に一喜一憂するよりも、年に一度チェックするくらいがちょうどよいのです。

運用の具体的なやり方については、第5章で詳しく説明していきます。

## 正しい知識だけでは行動しない

ここまで「知らないことが一番のリスクである」とお伝えしてきましたが、「正しい知識を得たからといって行動できるとは限らない」ということが、近年注目されるようになってきました。

私の講座は、中小企業経営者や管理職の方が多数受講されています。

自身のビジネスに関連する経済ニュースを隈なくチェックし、各分野の第一線で活躍している人たち。

このように行動力があり、会計知識も豊富な人たちでさえ、お金の勉強を後回しにしてきたと口を揃えます。

しかもその理由は、冒頭でご紹介した理由とほとんど同じなのです。

中には、「ネットやニュースで見るような情報はいらないです。その情報を使って、どう実践するかを教えてください」とはっきり言う受講生もいます。

正しい情報を踏まえて、自分に当てはめて行動する方法を学びたい。裏を返せば、いくら良い情報が手に入っても、自分ごと化して実践できないということなのです。

このような事情を踏まえて、私の講座では、学びと実践の両方を講座内で行う「実践型カリキュラム」へと移行していきました。

しかし、こうした「知識だけでは行動しない」現象は、さまざまな金融教育の現場でも起きているようです。

2016年1月に金融庁金融研究センターが発表したレポートには、「正しい知識さえ提供すれば、人々の行動が改善されると考えられてきたが、実際には金融経済教育を受けても、それを受けていない人とほとんど行動が変わらない実態が次第に明らかになっている」
と明記されています。

また金融教育が進んでいるアメリカでも、多くの専門家から「金融リテラシーを日常生活にどのように活用するのか課題がある」との声があがっています。

## 行動経済学（経済学 × 心理学）の応用

このような現状を踏まえて、各国の金融教育では、心理学や行動経済学の応用が始まっています。
中でもイギリスは2008年から積極的に取り組んでおり、世界的な先駆者としての役割を果たしています。

またアメリカでは、リーマンショックなど金融危機の反省から、定期的に金融教育カリキュラムを改正、行動経済学の要素を加えた教育を行っています。

その中でも特に金融の問題行動を起こしていると考えられているの

が、次のような行動バイアスです。

　行動バイアスとは、人間の不合理なクセのようなもの。誰にでも起こりうることです。

　　金融行動の回避・先送り
　　自信過剰
　　損失回避
　　近視眼的傾向
　　群集行動

　日本の金融リテラシー調査2022でも、行動経済学的な視点を取り入れて、以下のような人の特徴を分析しています。
　また、高校での金融教育でも一部取り入れているようです。

　　損失回避傾向が強く、投資しない人の特徴
　　近視眼的行動バイアスが強い人の特徴
　　横並び行動バイアスが強い人の特徴

　行動経済学の専門家は、お金に対する行動バイアスは、自分自身では気づかないことが多いと指摘しています。
　そのため、専門家のアドバイスなどを通じて、第三者が行動バイアスの影響を本人に気づかせる必要があると主張しています。

### ポイント

　　お金のことを学んでも行動できないのは、どこの国でもよくあること。気軽な気持ちでお金と向き合ってみよう。

# 金融教育に活用され始めた心理学

## 世界の金融教育事情

　それでは、各国の金融教育では、心理学や行動経済学がどのように活用されているのでしょうか。

　ここでは簡単に、日本、アメリカ、イギリスの金融教育カリキュラムをご紹介します。何を知っておく必要があるのか、どう行動すればよいのか見ていきましょう。

### 1 日本の例

　2022年4月に高校の家庭科で必須化された資産形成の授業。
「高校生が投資を学べるなんてうらやましい」「肝心の大人は学ぶ機会がない」と話題になりましたね。

　しかし実は、お金に関する教育は以前から中学校の社会科や技術・家庭科、高校の公民科でも行われています。


　あまり知られていませんが、日本には「金融リテラシー・マップ」というものがあります。

　年齢層別に「最低限身につけるべきお金の知識・判断力」がまとめられたマップで、識者・関係省庁などが研究会を設置して2013年に公表しました。

「金融リテラシー・マップ」には、「小学生、中学生、高校生、大学生、若年社会人、一般社会人、高齢者」に求められるお金の知識と判断力がそれぞれあげられていますが、本書では一般社会人の部分を表にまとめ

| 一般社会人に求められる金融知識・判断力 | |
|---|---|
| 家計管理 | ○収入支出、資産・借入れを管理して、必要に応じて改善する |
| 生活設計 | ○老後や環境の変化に備えて、ライフプラン、資金計画や資産の見直しをする |
| | ○家庭で子どもの金融教育をする |
| 金融知識や経済事情の理解と適切な金融商品の選択 | |
| 基本的な金融取引 | ○収集した情報から、適切な消費行動ができる |
| | ○金融商品の勧誘・販売の法律を理解し、詐欺などに会わないよう慎重に契約できる |
| | ○基本的な知識を身につけ、必要に応じて専門家に相談できる |
| 金融分野共通 | ○金融商品の特性とリスク管理、長期視点の貯蓄・運用が大切だと理解する |
| | ○景気の動向、金利・為替の動き、インフレ・デフレが、金融商品の価格や価値などに与える影響を理解している |
| 保険商品 | ○備えるべきリスクと必要な金額をカバーできる保険商品を適切に選べる |
| | ○家族構成や収入の変化に応じた見直しができる |
| ローン・クレジット | ○現在とリタイア後の住宅ニーズを考えて、ライフプランを描き実行する |
| | ○住宅ローンの基本を理解し、返済能力に合った借入れができる |
| | ○クレジットカードの分割払いやリボ払いの手数料に注意する |
| | ○ローンやクレジットの返済を行わないと、信用情報機関に記録が残り、他の金融機関からの借入れが難しくなると理解している |
| 資産形成商品 | ○生活設計の中で、どのように資産形成すべきか考えている |
| | ○分散投資をしても、定期的に投資対象の見直しが必要だと理解している |
| 外部知見の適切な活用 | ○金融商品の利用にあたり、相談できる適切な機関などの活用が必要と知っている |
| | ○自分で金融商品を選ぶのに必要な情報や、中立的なアドバイスができる機関・専門家などを適切に選び行動できる |

たので、最新版のポイントを見ていきましょう。

（わかりやすくするために、一部を平たい言葉に置き換えています）

　日本ではまだ心理学や行動経済学的な視点はあまり重視されていないことがわかりますね。

　ちなみに、こんなこと習った記憶がない、今はハードルが高いなと思っていても大丈夫です。

　この本を読み終わる頃には、ほとんどのことはイメージできるようになります。ゆったりとした気持ちで読み進めてくださいね。

## 2 アメリカの例

　世界第1位の金融都市ニューヨークがある金融先進国アメリカでは、個人のお金の計画や管理といった「パーソナルファイナンス」が、5歳から18歳までの一般教育に組み込まれています。

　お金の管理方法は家庭で学ぶのが理想的としていますが、難しいケースが多いので、学校で教育しているようです。

　州によって教育内容は違うものの、基本的にはNational Standardsという年代別の目標マッピングに基づいて教育が行われています。

　National Standardsでは、次の項目について、それぞれ9〜10歳、13〜14歳、17〜18歳までに習得するよう設定されています。

- 収入
- 支出
- 貯蓄
- 投資

● 債務管理

● リスク管理

　概要は日本の金融教育とさほど変わらない印象ですね。

　しかし、カリキュラムの詳細を見ると、幼稚園児の頃から金融知識を学んでいて、さすが金融先進国だなと思います。

　特に、13〜14歳では、日本の金融リテラシー調査では点数が低い「複利」について学び、資産形成についても日本の高校生が学ぶ内容です。

　そのほか、特徴的なカリキュラムは次の通りです。

| | |
|---|---|
| 9〜10歳 | ○有名な起業家が失敗した理由、成功した理由について話し合う |
| | ○緊急資金や短期的な財務目標には、低金利の普通預金口座を利用する |
| | ○長期的な財務目標には、よりリスクの高い資産に投資し、高いリターンを狙う人が多いことを知る |
| 13〜14歳 | ○利息に利息がつく「複利」について学ぶ |
| | ○投資商品の種類やリスク、複利でお金が増えるメカニズム |
| 17〜18歳 | ○配偶者と生計を一にする前に、自分の財務状況や目標、価値観を共有すると、お金の争いごとが減る |
| | ○自動積立預金や企業型拠出年金などを利用すると、心理的ストレスや外的影響を受けにくく貯蓄しやすい |
| | ○インフレや資産の現在価値、金融商品価格の変動要因、分散投資やアセットアロケーション（資産配分）について学ぶ |
| | ○行動バイアスによる影響など、行動経済学（経済学 × 心理学）について学ぶ |

### 3 イギリスの例

　世界第2位の金融都市ロンドンがあるイギリス。金融教育分野では世界的な先駆者でもあります。

2014年に行われた国際調査 S&P FinLit Survey によると、世界で6番目に金融リテラシーが高い国です。

イギリスでは、どのような金融教育が行われているのでしょうか？

イングランド、北アイルランド、スコットランド、ウェールズの4つの地域から成るイギリス。

金融教育のカリキュラムは地域によって違いますが、早い地域だと3歳から一般教育の一環として金融教育が行われており、3〜19歳までに以下の項目を学びます。

- お金の管理方法
- 批判的な消費者になるには
- お金にまつわるリスクと感情の管理
- お金が生活で果たす重要な役割を理解する

中でも「お金にまつわる感情」はイギリス特有の項目です。

たとえば、3〜5歳では、お金は自分の気持ちを揺さぶることがある、他の人はお金について自分とは違う感情を持っているかもしれないなど、「お金と心の関係」に注目しています。

また、年齢が上がるごとに、お金を借りること、詐欺、破産などのイベントに対する感情を理解する機会があります。

脳は6歳までに9割が完成するといわれていますから、幼少期の頃から、お金に対してどんな感情を持つのかを学ぶ機会があることは大変有意義だと考えているわけです。

年齢別のカリキュラムは次の通りです。

| | |
|---|---|
| 3〜5歳 | ○お金は自分の気持ちを揺さぶることがあると理解する。たとえばハッピーになったり、悲しくなったりする |
| | ○お金は自分をどんな気持ちにさせるのか説明できる |
| | ○他の人は、お金について自分とは違う感情を持っているかもしれないと理解し始める |
| 5〜7歳 | ○貯金をすると、どんな気持ちになるのかを理解し始める |
| 7〜9歳 | ○お金の貸し借りをすると、どんな気持ちになるのかを説明できる |
| 9〜11歳 | ○お金を借りる前に、リスクや潜在的な結果、自分や他人の感情への影響を考えることが重要だと理解できる |
| | ○詐欺やなりすまし犯罪が、自分や他人の生活に与える感情的、経済的影響を理解する |
| 11〜14歳 | ○自分の感情が、経済的な意思決定をどのように左右するか説明できる |
| | ○お金に関する不適切な決断 (特に借りる時) がストレスや不安につながり、健康や幸福感、人間関係に問題を引き起こすかもしれないことを理解する |
| | ○保険に入っていないと、万が一の時に自分が経済的、精神的責任を負うと知っている |
| 14〜16 歳 | ○破産など、リスクの評価と管理を怠ると、将来や、経済的、社会的、精神的安定に影響を与えることがあると理解している |

　このカリキュラムが世界標準になれば、お金と健全に付き合える人が増えそうですね。

**ポイント**

　金融先進国では、すでに心理学や行動経済学に基づいた金融教育が幼少期から取り入れられている。
　今後、その流れは世界に広がっていくと考えられる。

# なぜ今、
# ファイナンシャル・セラピーなのか

## 知識だけではお金の不安が消えない私に必要だったもの

　ここで、私がファイナンシャル・セラピーを始めるまでのストーリーを少しお話しさせてください。

　私は、銀行員の父からお金の教育を受けて育ち、外資系投資銀行に17年間勤務、個人投資家として26年以上資産運用を実践しています。
　このように、お金を取り巻く環境には恵まれていたはずなのに、大学時代に父の急逝を経験したことで、人一倍大きなお金の不安を抱えていました。

「ある日突然、お金に困ったらどうしよう？」

　対策をすればするほど、お金の不安が大きくなる。
　こんな不合理なことってあるのでしょうか？
　金融知識以外の何かが必要と思いつつ、安心を得るために毎日ハードに働きました。そして体調を崩し、とうとう金融業界を去る時が来たのです。

　それまで、起業なんて1ミリも考えたことがありませんでしたが、体調が落ち着いてから、私は手探りで起業準備をし、WEBマーケティングや脳科学コーチングを学びました。
　そんなある日、起業塾で行った脳科学をベースにした「お金の思い込

みワーク」で、私は衝撃を受けました。

　ワークを通して「お金に対する思い込みはどこから来るのか」を掘り下げていったところ、自分が倒れるまでハードワークを続けた本当の理由が分かったのです。

　それは父を失った時に味わった感情が原因でした。

　18歳、大学1年生の秋のことです。大学生活を満喫する間もなく父が病気で急逝。電話で話した10時間後に倒れて亡くなりました。

　悲しみに明け暮れ、葬儀から1週間が経った時、私はハッと我に返ったのです。

　当時、母は専業主婦、兄と私は大学生。

　つまり、一夜にして働き手のない母子家庭になったと気づいたのです。

　人生最大の経済的ピンチ。私は大学中退の危機に陥りました。

　なんとか2人の子どもを卒業させたい母は、50歳で人生初の就職。

　兄と私はバイトをしながら奨学金をもらい、私は大学の寮に引っ越すも、生活は赤字でした。

　母はリスク覚悟で金融商品を購入し、運用益を仕送りの一部に充ててくれました。

　こうして、さまざまなサポートのおかげで、私は無事に大学を卒業。

　就職後は経済的に自立できたので「ピンチを乗り越えた」つもりでした。

　ところが、日に日に「突然、お金に困ったらどうしよう？」とお金に対する恐怖が大きくなっていったのです。

　この恐怖がどこからやってくるのか、ずっとわかりませんでした。

　しかし、「お金の思い込みワーク」を通して、突然すぎる父との別れを受け入れられず、悲しみと恐怖の感情を瞬間冷凍したことで、トラウマになってしまったのではないかと気づいたのです。

　初めてお金のトラウマに気がついた瞬間でした。

　一夜にしてお金のない母子家庭の子になり、大学中退寸前になったことが、「突然お金がなくなって、転落人生を送るのではないか」という恐怖を作り出した。

　このトラウマに気づき「自分はもう安全だ」と思えた時、どれだけホッとしたことか、今でも忘れられません。

　それだけ、無意識に刷り込まれた心の傷は、私たちの日常に大きな影響を与えるのです。

　知識や資産運用だけでは、心から豊かさを感じることはできない。

　そう感じた私は、自分自身の体験 × 金融知識 × 心理学・脳科学を融合した「脳科学を使った資産運用」を考案しました。

　しかし、唯一無二のサービスと自負していたにもかかわらず、周囲の反応は思わしくありませんでした。

　「投資ってお金持ちか、投資好きの人がやるものでしょ。セラピーとの組合せも不自然。誰もやりたいと思わないよ！」と言われたこともあります。

　誰からも理解されない。自分で積み上げたものが、ガラガラと音を立てて崩れていくような気持ちでした。

　しかしその後も諦めきれず、一般的な個人向けのマネーセミナーを行いながら情報収集を続けていたところ、世界的に有名な心理学である

NLPの講座の中に「NLPマネークリニック®」というものがあることを知ったのです。

　私はすぐにNLPの世界権威から直接学び、NLPマネークリニック®トレーナー資格を取得しました。

　そして、マネーセミナーの受講生から高評価をいただいたことで自信を取り戻しつつあったこともあり、セミナーにも少しだけお金の価値観ワークを取り入れ、さらに受講生のニーズに寄り添う形の講座に変えていったのです。

　そして2021年、ついに「ファイナンシャル・セラピー」の存在を知ります。
「アメリカで、金融とセラピーを融合させたサービスが注目を浴びている。これはまさに私が4年前から温めてきたものだ！　今このサービスを提供しなかったら一生後悔する！」
　と本格リリースを決意。
　2021年の冬からファイナンシャル・セラピー体験講座を始めました。

　このようにして生まれたのが、私の体験や金融知識、世界的権威が開発した心理プログラムを融合したオリジナルメソッド「ウェルス・ファイナンシャル・セラピー®」です。

　現在は、ライフプラン、資産運用の始め方、経済の勉強などとともに、6ヶ月のマネー実践講座のプログラムに「ウェルス・ファイナンシャル・セラピー®」を組み入れ、受講生に合わせた個別指導を行っています。

# 自分らしい、健全なお金との付き合い方を知ろう

　ビジネスの現場や政策分野でも活用されている行動経済学は、金融教育分野でも、望ましいお金の行動を促す方法として、とても有意義だと考えられます。

　一方、お金の相談をしたい人が求めているのは、「一般的には〇〇です」といった情報ではありません。
　一般論は世の中にあふれています。その一般論を噛み砕いて自分ごと化し、行動するのが難しいのです。

　特にお金の話はプライベートで、とてもデリケートです。
　他人にお金のことを話すには勇気がいります。信頼できる人に悩みを聞いてほしいし、不安な気持ちを分かってもらいたいのです。
　そして、自分の場合はどうすればよいのか、一般論ではない自分にぴったりのアドバイスがほしいのです。

　お金の悩みやゴールは、100人いれば100通りあります。
　**ファイナンシャル・セラピーは、お金のアドバイスに加え、相談者の一人ひとりの価値観に寄り添ったファイナンシャル・プランニングや、お金との付き合い方などを扱います。**

　「セラピー」というと、特に女性の方はヘッドセラピーのように何か施術されるのかな、それとも洗脳されたりするのかなと怪しむ人もいるようです。
　しかし、ここでいう「セラピー」とは心理療法のことで、心理カウンセリングや心理ワークが中心となります。

心理ワークではまず、直面しているお金の問題行動について詳しく振り返ります。

　次に対話をしながら、お金にまつわる出来事やその時の感情を振り返ります。

　そして最後に、どうすれば改善できるかを考え、健全な行動につなげます。

　このように、サービス提供者が相談者を操ったり、誘導したりするのではなく、質問を通して相談者自身が自分の心の中を整理していくのです。

　詳しくは、第2章で説明していきますね。

　ファイナンシャル・セラピーを活用して、お金の問題と真摯に向き合い、自分らしい、健全なお金との付き合い方を身につける。

　そうすることで、一人ひとりに寄り添ったお金の問題解決や、ひいては日本の金融リテラシー向上に役立てればと思っています。

## ポイント

　本当の豊かさとは、お金の有無だけで決まるのではない。

　お金と健全に付き合えてはじめて、経済的、精神的豊かさが得られる。

第 **2** 章

ファイナンシャル・
セラピーとは

# ファイナンシャル・セラピーが
生まれた背景

「ファイナンシャル・セラピーってはじめて聞いた！」という人は多い
と思います。

　ファイナンシャル・セラピーとは、心理学の知見を活かして、お金の
問題を心理的側面から解決する心理療法の一分野です。

　金融知識のアドバイスと心理カウンセリング、セラピーを活用して、
経済的な不安やストレスを軽減し、適切なお金との付き合い方をアドバ
イスします。

　具体的には、心理カウンセリングを通して、個人の経済状況に対する
考え方や感じ方、悪習慣を改善し、自分に合った収支管理やライフプラ
ンニング、資産運用などをアドバイスします。

　それによって、お金と上手に付き合えるようにサポートするのです。

　一般的なファイナンシャルプランナー(FP)との違いは、財務的なアド
バイスのみならず、お金の習慣や考え方を改善する点です。

　本人の価値観や家族関係、ライフステージなどにも配慮して、心理
面、経済面から総合的にアドバイスします。

　お金の悪習慣や問題行動は、幼少期からの刷り込みやトラウマが大き
く影響しています。

　そのため、金融知識を身につけたり、金銭管理やライフプランを立て
たりするだけでは、根本的には解決しにくいといわれています。

　そのためファイナンシャル・セラピーでは、「お金を使う、増やす、

管理する」といったお金の基本を見直しながら、カウンセリングなどの心理学的アプローチを通して、その人の根底にある「お金の深層心理」を紐解いていきます。

　金融と心理学を融合したファイナンシャル・セラピー。
　いつ、どこで、どのような経緯で誕生し、どんなメソッドがあるのでしょうか。
　まだ日本語での情報が少ないため、個人で相談に来られた方やFP、金融関係者からもよくお問い合わせをいただきます。

　第2章では、海外の事例を交えながらファイナンシャル・セラピーの歴史や特徴について深掘りしていきます。
　少し説明が長くなりますが、理解を深める機会になれば幸いです。

## 発祥の地と誕生の経緯

　ファイナンシャル・セラピーが生まれたのはアメリカです。
「お金の問題は知識だけでは解決できない」という問題に直面した専門家たちが、「お金と心理」の研究を重ね、2008年のリーマンショックの頃に誕生しました。
　その後、2020年から始まったパンデミックによる経済危機が起爆剤となり、ファイナンシャル・セラピーはさらに注目を浴びています。

　そうした経緯で生まれたことから、ファイナンシャル・セラピーの世界には、経済学、心理学双方の専門家がいます。
　たとえば、臨床心理士で、世界最高のファイナンシャルプランナー資格とも言われるCFP®を持つブラッド・クロンツ氏は、2000年代前半からお金と富の問題について研究し、ファイナンシャル心理学のパイオニ

アとして全米で注目されました。

　同じ問題意識を持ち、ともに活動しているブラッド氏の父テッド・クロンツ氏も、全米ファイナンシャル・セラピー協会（FTA)の初代副会長を務めました。

　クロンツ親子以外にも、心理学や金融の専門家たちが同じ課題意識を感じていました。

　たとえば、アメリカはカウンセリング大国ですから、心理スペシャリストの中には、夫婦関係をはじめとした家族関係の問題解決を専門にしている人もいます。

　相談のきっかけは家族関係でも、根本的な原因がお金のトラブルだということもしばしば。

　彼らは心理学の専門知識やカウンセリング技術はあっても金融知識がないため、どのように解決すればよいか悩んでいました。

　また、アメリカではFPにお金の相談をするのは一般的なことです。

　そのためアメリカには、独立系ファイナンシャル・アドバイザー(IFA)が約13万人います。

　人口規模の違いを考慮しても、日本の約8倍のIFAがいるのです。

　こうしたファイナンシャル・アドバイザー(FA) たちも、数字や理論だけでは解決できない顧客とどう向き合うべきか悩んでいました。

　アドバイスをしても行動しない顧客、相談中に感情的になって取り乱してしまう顧客の対応に困っていたのです。

## 全米ファイナンシャル・セラピー協会の発足フォーラムを開催

そうした中で、2008年11月、専門家たちがカリフォルニアに集まり、「ファイナンシャル・セラピーフォーラム」が開催されました。

フォーラムでは、以下のような意見が共有されました。

- 金融教育は、予想通りにうまくいかない時もある。
  経済的な幸福を生み出す知的知能と感情的知性、両方を使ったライフプランニングは、より効果的な教育アプローチとなり、行動を変えるのに役に立つかもしれない。
- クライアントの3分の1は、ファイナンシャル・プランに従わない。人々はお金に対する思い込みを持っている。
  ファイナンシャル・プランニングには、将来を見据えたコーチングと、過去に何が起こったのかを理解するカウンセリングの両方が必要。
  ファイナンシャル・セラピーは、この二つをつなぐものかもしれない。
- お金の問題について子どもたちをしつけるとなると、親は苦労することも。ファイナンシャル・セラピストは、子育て教育プログラムの観点からも重要な役割を果たす可能性がある。

（全米ファイナンシャル・セラピー協会 The Journal of Financial Therapy Volume 1, Issue 1 (2010) より）

このフォーラム開催後、関係者は新協会の発足に向けて動き始め、2009年10月、全米ファイナンシャル・セラピー協会（FTA）が設立されました。

専門職を育てるなどのビジョンを掲げ、定期カンファレンスをはじめ

積極的な活動を続けるだけでなく、2019年にはファイナンシャル・セラピー講座と認定資格制度も始まりました。

FTAのホームページによると、認定資格を取得するには下記のような資格や学習が必要とされています。

FTA認定資格CFT-I™になるためには、金融または心理学の学士号を取得しているか、CFP®またはAFC®（認定ファイナンシャル カウンセラー）の資格が必要です。

まず動画でトレーニング講座を受講し、クライアントとのセッション250時間を含む合計500時間の実務経験を経て、認定試験に合格する必要があります。

CFT-I™の動画トレーニング講座では、財務分析の基礎、行動経済学の基礎、カウンセリングやセラピーの基礎、お金と人間関係などについて学びます。

このCFT-I™は米国公認資格になる予定で、グローバル展開も目指しています。

ファイナンシャル・セラピーが、ファイナンシャルプランナーの国際資格であるAFP®、CFP®のような国際資格になる可能性は十分ありそうです。

また、FTA設立に伴い、アメリカの大学でもファイナンシャル・セラピーコースがつくられ、受講生が増えています。

年々ファイナンシャル・セラピーの需要も増えており、3ヵ月先まで予約が埋まっているセラピストもいるようです。

2020年に日本FP協会が行った調査によると、約6割の人が「現在または将来のお金に不安がある」と答えています。

　また、「お金に対する不安を解消する情報を知りたい人」も半数を超えていることから、金融と心理学の知識をあわせ持つ専門家に相談したい人は多いと思われます。

　日本ではあまり知られていないファイナンシャル・セラピーですが、潜在的ニーズは高いでしょう。

### ポイント

　ファイナンシャル・セラピーは、心理学・経済学双方のスペシャリストたちが結集して生み出した心理療法である。

　今後、認定資格を持ったセラピストが増えることで、日本での普及も見込まれる。

# ファイナンシャル・セラピーに できること

　ファイナンシャル・セラピーを理解するには、まず「お金と感情の関係」について理解する必要があります。

　「お金と感情」と言われてもイメージが湧かない人が多いかもしれませんが、ここではまず簡単なワークを通して「お金と感情のつながり」を体感します。
　次に、ファイナンシャル・セラピーに期待できることを具体的に見ていきましょう。

## お金と感情のつながり

　まず、最近買った「比較的高額な物」を思い浮かべてください。
　その商品を見つけた時、どんな気持ちでしたか？
　実際に購入するまでに、どんなことを考えましたか？
　購入後はどんな気持ちになりましたか？

　一般的に人が物を買う時は、感情が引き金になっているといわれています。
　つまり「これがほしい！」と感情が動いてから、「買うべきか、買わなくてもよいか」を論理的に考え、最終的に判断するのです。

　次に、お金に困っている状況を想像しましょう。
　日々のやりくりも大変なのに、借金もある。返せるだろうか？　考えるだけでもつらくなりますね。夜もぐっすり眠れないかもしれません。

お金のストレスはメンタルヘルスに悪影響を与えます。

アメリカの調査によると、借金のあるアメリカ人の3分の1は、常に借金について心配していると答えています。

その逆もしかりです。メンタルヘルスに問題があると、お金の心配が大きくなります。

冷静に判断できない状態だと、短期間にお金を増やそうとしたり、借金を重ねるなど間違えた経済行動をとったりします。つまり、さらなる悪循環に陥る可能性があるのです。

このように、「お金と感情」は良くも悪くも互いに影響を与え合っています。

お金の不安をどうにかしたいと思っている人は、まずはこの「お金と感情の関係」に気づきましょう。

その上で具体的な対策を立てて実行すると、根本的な解決につながります。

## ファイナンシャル・セラピーに期待できること

アメリカでは、さまざまなスペシャリストがいろいろな形でファイナンシャル・セラピーを学び、自身のサービスに組み込むことでファイナンシャル・セラピーを提供しています。

たとえば、FA、FPがセラピー要素を取り入れる場合は、価値観やゴールを明確にしてファイナンシャル・プランニングを行い、目標を達成できるようサポートします。

カウンセラーや心理セラピストが、金融の要素を取り入れて、ファイナンシャル・コーチングを提供するケースもあります。

　また、お金のマインドセットを教えるライフコーチもいます。

　得意分野によって提供する内容は異なりますが、共通しているのは、次のようなことが期待できるという点です。

### 1  問題のある経済行動を認識できる

　ファイナンシャル・セラピーでは、お金の問題を引き起こしている「行動」を特定します。

　問題行動を認識することで、自分の過去の経験や人間関係が、どのように問題行動につながったか、分かるようになるのです。

### 2  お金に対するネガティブな感情を減らせる

　お金に対する感情が、金銭的な決定だけでなくメンタルヘルスにも悪影響を与えることがあることは先ほど説明した通りですが、ファイナンシャル・セラピストは、不安、恐怖、恥、罪悪感など、お金に対するネガティブな感情の軽減をサポートします。

### 3  健全なお金のアドバイスがもらえる

　ファイナンシャル・セラピストは、クライアントの状況やニーズに応じて、実用的なお金のアドバイスができ、経済的な意思決定能力を向上させてくれるでしょう。

### 4  状況を改善する方法がわかる

　セラピー・セッションを通じて、健全なお金の考え方や行動が身につきます。

　その結果、家計の状況をうまく整理できるようになります。

　このように、さまざまなスペシャリストが自分の得意分野を活かして金融や心理学の知識を融合し、顧客に合わせた独自のサービスを提供しているのが現状です。

　ここで、実際にファイナンシャル・セラピーを受けた人の声をご紹介します（一部中略）。
　まずは、アメリカのファイナンシャル・セラピストであるエリカ・ワッセルマンさんのセラピーを受けた方の声です。

（家計の）予算を守れるようになり、家族会議でお金について話し合えるようになりました。
「なぜ、何に」お金を使ってしまうのか、その裏側にある原動力を特定して、分かりやすく説明してもらいました。
おかげで支出をうまくコントロールできるようになりました。
教えてもらった方法とツールで、パートナーと気楽にお金について話せるようになりました。自分たちの価値観を感じながら、毎月のクレジットカードの請求額を35%以上削減できました。

　また、「ウェルス・ファイナンシャル・セラピー®」を受講された方からも、次のような感想をいただいています。

経済的に逼迫してもしなくても、お金に困るという不安に悩んでいました。
受講後は、真面目にお金の管理や資産運用を見直し、幸福感や安心感を得られるようになりました。
子どもが産まれてから、「多方面から収入を得たい」「資産を増やしたい」と思うようになりました。

受講後は、「答えは自分の中にある！」と視界がクリアになり、自分の価値観とライフプランを見つめ直せるようになりました。
お金に対する抵抗感に自覚があり、この部分をクリアにしないと、How toだけでは（問題解決や目標に）到達できないと悩んでいました。
受講後は、自分の思い込みを手放し、無理なく目標設定もできて嬉しかったです。

私たちが思っている以上に、「お金の価値観」は無意識に私たちの行動に大きな影響を与えているのです。

## ファイナンシャル・セラピーで気をつけたいこと

ここまで、ファイナンシャル・セラピーのよい面をご紹介してきましたが、冒頭でもお話ししたように、「リスク」をきちんと理解することは重要です。

特に、アメリカではFTA認定のファイナンシャル・セラピストを選ぶよう推奨されていますが、日本にはまだ認定資格がありません。

ファイナンシャル・セラピーはまだ新しい領域ですから、これからたくさんの情報が出てくると思います。
情報収集をする際は以下の点に注意し、知識が豊富で信頼できる専門家の情報なのか確認するとよいでしょう。

資格や学位、実務経験のある専門家であるか
インフルエンサーの場合、専門知識があるか
中立公正で、倫理的な振る舞いをしているか

特に覚えておいていただきたいのは、3つ目の項目です。

　つまり、ファイナンシャル・セラピーは、お金と心理という、人生を大きく左右する部分にアプローチするものだからこそ、**ファイナンシャル・セラピストには、高い倫理観が求められる**ということです。

　FTAの倫理規定では、金融商品の販売・勧誘やリベート、その他個人的利益を得るような行為を禁止していますし、私自身も中立・公正なサービスを提供するため、金融商品や保険の販売・勧誘はせず、自身の講座のみを提供しています。

　ファイナンシャル・セラピーについての情報や、セラピストが信頼できるかどうかの判断基準として、ぜひ覚えておいてください。

### ポイント

　ファイナンシャル・セラピーは、さまざまな領域のスペシャリストが関心を寄せ、実践しているものである。
　多くのことが期待できる反面、リスクもある。情報に惑わされないよう、正しい判断基準を持とう。

# ウェルス・ファイナンシャル・セラピー®とは

　ここまで、ファイナンシャル・セラピーが生まれた背景や、アメリカでの現状をお伝えしてきましたが、ここからは私が提供している「ウェルス・ファイナンシャル・セラピー®」がどのような知識に基づいているのかを簡単にご紹介します。

## 経済・金融知識のベースになっているもの

　冒頭でもご説明したように、私はもともと金融機関に勤めていました。

　そのため、17年間の金融実務経験や証券外務員、FP資格の知識をはじめ、26年間の個人投資家経験に基づいて、ファイナンシャル部分のプログラムを作っています。

**1 外資系投資銀行での実務経験・知識**

各金融商品の特徴やリスク

経済、金融、証券市場の知識

上手に金融リスクを管理する方法

**2 証券外務員一種、AFP®資格に基づく知識**

株式・債券・投資信託、先物や信用取引などの知識

金融商品取引法などの金融関係法令

ライフ・プランニング

資産の状況や資金計画

タックス・プランニングなど

**3** **26年間、個人投資家として実践している資産運用**

- 安全な資産運用の考え方と戦略
- 資産配分の決め方
- 金融商品選定の基準

**1**、**2**は、自分自身の資産形成、運用に生かしてきたのはもちろん、世界の金融機関でも使われている、再現性の高いメソッドです。

また、当然ではありますが、私自身の講座では個別の銘柄選定などの投資助言、金融商品、保険の販売・勧誘は一切行っていません。

## 心理学的側面のベースになっているもの

心理学的な側面には、NLPに基づいた手法を使っています。

NLPとはNeuro Linguistic Programming（神経言語プログラミング）の略で、1970年代のはじめに、心理学と言語学の観点から新たに開発、体系化された実践的な心理学です。

アメリカ元大統領のビル・クリントン氏やバラク・オバマ氏、イギリス元首相トニー・ブレア氏は、演説にNLPを活用しています。

また、世界NO.1カリスマコーチ、アンソニー・ロビンズ氏もNLPのメソッドを使うなど、世界的に有名な心理学の一分野です。

ウェルス・ファイナンシャル・セラピー®は、NLPのメソッドに基づき、カウンセリング、セラピー、コーチングを行っています。

特に、第4章でご紹介している「お金の価値観」ワークは、NLPマネークリニック®をベースにして開発しています。

このNLPマネークリニック®のプログラム開発者は、NLPの世界的権威であるティム・ハルボム氏とクリス・ハルボム氏です。

　2019年8月に、私はティムとクリスから直接学び、NLPマネークリニック®の認定トレーナーになりました。

　ちなみに、このNLPマネークリニック®が開発されたのは、ティムとクリスがウォール街の株式トレーダーから「トレーディング時に冷静さを保つためのコーチング」を依頼されたことがきっかけでした。

　トレーディングの訓練を十分に受け、厳しい面接をくぐり抜けた人材であるにもかかわらず、株価暴落時や急騰時に、冷静さを保てる人と保てない人がいたからです。

　この違いは何なのか。ティムとクリスは、NLPを使ってさまざまな研究を重ねていきました。

　そしてその結果、根本的な原因は、単なる性格の違いではなく、幼少期から刷り込まれた「お金に対するネガティブな思い込み」であることが分かったのです。

　さらに深掘りをした結果、NLPの手法を用いてお金に対する思い込みから深層心理を探り、ネガティブな思い込みをポジティブなものにしていくことで、お金だけでなく人生のさまざまな局面で、冷静に自分が望む状態を作れるようになることが明らかになっていきました。

　このようにして生まれたNLPマネークリニック®は、普遍的でパワフル、かつ実践しやすいメソッドとして世界中の人に支持され、これまで20カ国以上で教えられています。

このような世界トップレベルの知識やメソッドに、私自身の経験も織り込むことで生まれたのが「ウェルス・ファイナンシャル・セラピー®」です。

　日本でも安心安全なファイナンシャル・セラピーを提供して、もっと健全にお金と付き合える社会を作りたい。
　そういう想いから、ウェルス・ファイナンシャル・セラピー®ではFTAと同等の倫理規定を用意し、日々内容のブラッシュアップを図っています。

　基本はマンツーマン指導のため、どのような内容で講座を行うかは要望に合わせて変えていますが、本書では主にお金の価値観ワークを中心に解説していきます。

　続く第3章では、お金の価値観にあったライフプランとはどのようなものかを考えていきます。
　そして、第4章のワークを通して、今現在の「お金の価値観」や、自分が将来どのような生活を送りたいのかを知り、それを実現するためのライフプランを作成していきます。

　本書を通して、みなさんが自分らしい一歩を踏み出せるよう、ぜひ読み進めていってみてください。

ポイント

　ウェルス・ファイナンシャル・セラピー®のメソッドを通じて、自分自身のお金の価値観と向き合い、「自分らしい」ライフプランを立ててみよう。

## 第3章

お金の価値観と
ライフプラン

# お金との付き合い方に影響を与えるマネー障害とは

　本章では、第4章の「お金の価値観ワーク」を行うのに必要な知識や考え方を説明していきます。

　まず、本書でいう「お金の価値観」とは「お金に関する考え方全般」を指します。
　たとえば、
「何にお金をかける価値があるのか」
「どんなお金のイメージを持っているのか」
「自分にとってお金とは何なのか」
　などで、ほとんどの人は普段意識することはありません。
　無意識のうちに形成されていることが多いので、「お金の価値観」と聞いてピンとこないのも無理はありません。

　またその中には、「お金に関する思い込み」も含まれます。
「思い込み」とは、真実かどうかに関係なく、自分が信じていること。
　以下の流れで考えていくと、自分自身の思い込みはもちろん、本当に大切にしたい価値観に気づいて、それに沿ったライフ・プランニングができるようになります。
　ぜひ一度試してみてください。

　① 　ワークを通して「お金の価値観」に気づく
　② 　「お金の価値観」を取捨選択する
　③ 　価値観に沿ったライフプランを作る

それでは、お金の価値観とライフプランの概念について見ていきましょう！

## 人がお金のことで感情的になる瞬間

みなさんは、お金のことで感情的になったことはありますか？

お金のことを考えると、将来が不安でたまらない。お金が入ってくると気分がよくなり、パッと使ってしまう。そんな経験があるかもしれません。

また、ふだんは仲のよい家族なのに、お金の話になるとケンカが始まる。とてもいい人そうに見えるのに、お金の話になると腹黒いなど、お金のことで人と揉めることがあったかもしれません。

普段「お金と感情」について、はっきりと意識することは少ないでしょう。

しかし、私たちが生きていく上でお金は必要なもの。心は無意識にお金と結びついています。

第2章でもご紹介したファイナンシャル心理学のパイオニア、ブラッド・クロンツ氏と父テッド・クロンツ氏によると、人は大なり小なり「マネー障害」を持っているといいます。

マネー障害が深刻になると、浪費のようなお金の悪習慣を繰り返してしまうなど、頭では分かっているのに、やめられない悪循環に陥ります。

ここでは、クロンツ親子が著書『Mind Over Money』で提唱している3つのマネー障害に沿って、人がお金で感情的になるケースを解説して

いきます。

# マネー回避（Money Avoidance Disorders）

マネー回避とは、お金を拒絶したり避けたりする状態です。
「お金は怖い」「お金は諸悪の根源」など、お金に対する否定的な思い込みが引き金となります。

過去にお金に関するネガティブな出来事を経験したことがあると起こりやすくなり、日本人はマネー回避傾向が強いように思われます。

具体例を見ていきましょう。

### 1 ケチケチしすぎる

日本には「質素倹約は美徳」という文化があると思いませんか？

プチプラファッション、節約レシピ、100円ショップの活用など、さまざまな経済的努力の情報があふれていることからも、それがうかがえると思います。

私自身、父から質素倹約のマインドを受け継ぎ、「コスパ」を重視しているのでよく分かるのですが、実は度が過ぎると精神衛生上よくありません。

以前、「ケチな自分を変えたいんです！」と私のファイナンシャル・セラピー講座を受けに来たAさんという方がいらっしゃいました。

Aさんは普段から節約を心がけて、家族3人で質素に暮らしているといいます。

しかし、お子さんが大きくなるにつれて、「お母さん、ケチすぎるよ！」と言われるようになり、自分とお金との関係を考えるようになったというのです。

そんなＡさんは、私の講座を通して、次のようなことに気づいたと話してくださいました。
「私はお金に支配されていると思います。お金を使うと罪悪感を覚えるんです」。

　Ａさんは、買い物をする時も食事をする時も、無意識にお金がかからないものを選んでしまいます。
　楽しむためにお金を使う、感謝の印としてお金を払う、スキルアップのためにお金を使うなど、ポジティブな気持ちでお金が使えないのです。

　その裏には、「お金がなくなってしまう不安」や「お金が十分にあっても拭えない欠乏感」などが隠れています。
「質素倹約は美徳」であったとしても、このような不安に支配されているとしたら、いくらお金があったとしても豊かな人生は送れませんね。

### 2 過度にリスクを避ける

　第1章でも説明したように、代表的な「お金に関するリスク」には、市場リスク、信用リスク、流動性リスクがあげられますが、これらを過度に怖がると、冷静な判断ができなくなります。

「昔、株式で大きな損失を出して投資を辞めました。今度はちゃんと勉強して投資を始めたいです」。
　そうおっしゃって、真剣な顔で個別相談にきたＢさんは、それまでよくわからないまま、見よう見まねで株式投資をやっていたそうです。

　しかし、2008年のリーマンショックで株価が急落。
　パニックになって全部売却したところ、50％近くの損失を出してしま

い、その後は投資が怖くなり、預貯金しかしていないといいます。

　これは、一見正しく対応したように見えますが、実は景気回復のチャンスを逃しています。

　仮に、Bさんがアメリカの代表的なインデックス「S&P500」に投資していたとしましょう。

　約1,600ドルだったS&P500は、2008年のリーマンショックで約半値の約800ドルまで急落しました。Bさんはここで全て売却しています。

　しかし、2021年10月28日時点のS&P500の株価は約4,600ドル。

　つまり、もしBさんがその時点まで売却せずにいたとしたら、株価はリーマンショック直前の2.5倍近くになっていたのです。

図表4　S&P500指数の推移

（参考：Trading View）

68

投資スタイルによっては、損切りが必要な時もあります。

しかし、10年以上の長期で一般的なインデックスに投資するのであれば、パニックになる必要はありません。

その後Bさんは投資の代わりに貯金をしましたが、低金利時代なのでほとんど利息はついていません。

過度に損失リスクを怖がって底値で損切りし、景気回復で資産が2.5倍に増えるチャンスを逃してしまったのです。

Bさんのような人は、世界中にたくさんいるのではないでしょうか。

**3　お金から目を背ける**

みなさんは、家族以外の人とお金の話をしますか？

日本人は、お金についてあまり話したがりませんよね。

他人とお金の話をしない理由の一つは、お互いの懐事情が分かってしまうと気まずいからだといわれています。

ただ、家族やパートナーともお金について話したがらない場合、マネー回避障害の可能性があります。

たとえば、毎月の生活費や子供の教育費、貯蓄方法について話し合わない、銀行口座の残高やクレジットカードの支払額をチェックしたがらないなどです。

その深層心理には、「お金は汚いもの」「お金のことを考えると怖い」などの思い込みが隠れています。

## 拝金主義（Money Worshipping Disorders）

二つ目にマネー障害として紹介されているのは、「拝金主義」です。

たとえばあなたは「お金がたくさんあれば、幸せなはず！」と思ったことはありませんか？

　私自身、2018年に独立するまではそう思っていました。
「お金さえあれば幸せ」とは限らないけど、世の中の問題は、お金で解決できることが多いと信じていたのです。

　しかし、脳科学コーチングを学んでから、「お金と幸福感」について深く考えるようになりました。

　また世の中を見渡すと、コロナ前後で「豊かさ」の定義が大きく変わったように思えます。

　2020年のパンデミック以前は、年収や財産、社会的ステータスなどが「豊かさの象徴」といった風潮がありました。

　一方コロナ禍では、自分と家族が心身ともに健康で、必要なお金が手元にある状態が「真の豊かさ」と考える人が増えたのではないでしょうか。

　豊かさの定義は人それぞれ。ただ「お金が全て」といった拝金主義は、精神衛生上よくありません。

　なぜなら、お金で一時的に気分を高揚させて、心を満たそうとしているからです。

　ドキッとしたあなた、大丈夫ですよ。同じように思っている人は、世界中にたくさんいます。

　どのような事例があるのか、詳しく見ていきましょう。

## 1 浪費

　お金があるとパーッと使ってしまい、気がつくと手元にお金が残らない。

　こうした浪費の中には、ギャンブル障害やためこみ症、儲かった時の

高揚感が忘れられず、高リスク商品で投機的な短期取引を繰り返す人
も、この部類に含まれます。

## 2 買い物依存

　憧れのブランド品を身につけて、セレブ感を味わいたい人は多いかも
しれません。

　たしかに、人には誰しも人からよく見られたい願望はあるものです。
持ち物のグレードで待遇が変わることは実際にあります。

　普段はプチプラのリュックで出かけるCさんは、ある日珍しく高級ブ
ランドのバッグで外出しました。

　すると、立ち寄ったお店では丁重に扱われ、道ゆく人々もCさんにぶ
つからないように、少し距離を置いてすれ違っていったといいます。

　いつもより周囲から大事にされている感じがして、気分がよかったそ
うです。

　ただ、このような高揚感を求め過ぎると、買い物依存症に発展する可
能性があります。

　買い物依存症とは、買い物を繰り返すうちに、買い物自体が目的とな
り、自分で衝動を抑えられなくなる状態です。

　その結果、借金をしてまで買い物を繰り返し、自己破産に至るケース
も。

　ブランド物に執着し過ぎる人は、なぜ自分はこの商品を買いたいの
か、買う前に自問してみてください。

## 人間関係におけるマネー障害（Relational Money Disorders）

　3つ目のマネー障害は、パッと見ただけではどのようなことかイメー

ジがしにくいかもしれませんね。

　まずは具体的に、どのようなケースがあるか見ていきましょう。

### 1　経済的依存（financial dependence）

　他人のお金を当てにして依存し続ける状態を指します。

　たとえば、経済的に自立したくない、お金に責任を持ちたくないから、大人になっても親から経済的に援助してもらうなどです。

　また、②のお金の権利付与とも密接に関係しています。

### 2　お金の権利付与（financial enabling）

　人にお金を無心されても「ノー」と言えないマネー障害です。

　たとえば、経済的に余裕がないのに、①の経済的依存を要求する人にお金を貢いでしまうなどです。

　よくあるケースは、経済的に自立できるはずの子どもに、いつまでも仕送りを続ける親です。

　この場合、良好な親子関係を保ちたいために、不健全な経済的支援をしています。その裏には、お金をあげないと関係を維持できないという恐れが隠れています。

　こうした行動も、マネー障害の一種とされています。

### 3　お金の背信（financial infidelity）

　家族に黙ってローンを組んだり、高額商品の価格について嘘をついたりする状態です。黙って予算を超える買い物をしたり、密かにリスクの高い投資に手を出したりします。

　これは、すでに相手との信頼関係が崩れている時に起きやすいといわれています。

**4 お金のもつれ**（financial enmeshment）

これは、親が自分のニーズを満たすために、お金を通して子どもをコントロールする状態です。お金を利用した心理的虐待とも言えます。

この虐待を受けた子どもは、心にトラウマを負う可能性が高くなります。

たとえば、大人同士で解決すべき金銭問題に子どもを利用する、つまり借金の取り立てが来ると、「両親は今いません」と子どもに嘘をつかせるなどです。

また、親が「私がお金を出して教育したおかげよ！」と言って、子どもが実力で得た功績やお金を搾取するのも、「お金のもつれ」に含まれます。

図表5　マネー障害の分類

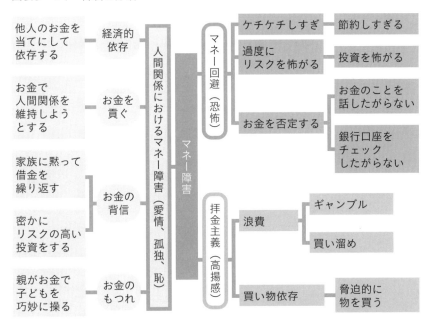

こうした人との関わりの中で起こる金銭トラブルは、とても複雑です。

　このマネー障害では、自分も相手も感情的かつ経済的な影響を受け、人間関係をこじらせて心に深い傷跡を残します。

　また、他人から認められたい、愛されたい欲求が絡むため、自覚するのが難しいのが特徴です。

　お金の話になるとなぜか人ともめる人は、人間関係におけるマネー障害がある可能性があります。

　このように、お金と感情は密接に結びついています。

　マネー障害としてあげられている項目にあてはまると感じた方もいらっしゃるかもしれませんが、もしそうだったとしても、自分を責める必要はありません。

　本書を通して、なぜそのような価値観が形成されたのか振り返りながら、一緒にお金との付き合い方を考えていきましょう。

**ポイント**

　あなたの感情を揺さぶるようなお金にまつわる出来事は、日常のさまざまなところで起こりうる。そのことを知ったうえで、自分のこれまでを振り返ってみよう。

# お金の価値観は
# どうやって作られる?

　人がお金のことで感情的になるケースを読んでみて、いかがでした
か?
　お金と感情について考える機会はなくても、案外身近で起こっていま
すよね。

　同じ状況でも、感情的になる人とならない人がいます。
　なぜ、このようなことが起こるのでしょうか?
　違いは何なのか深掘りしていきましょう。

## 6〜9歳までに脳の9割ができあがる

　スキャモンの発育曲線によると、脳を含む神経回路の9割が6〜9歳
までに、残りの1割は12歳までに完成するといわれています。

　6〜9歳は、読み書き・計算などの数値では測れない「非認知能力」
が目覚ましく発達し、心の土台を作っていきます。
　たとえば、自尊心や自己肯定感、自制心など自分に関する能力、協調
性、共感力、道徳性など人と関わる力です。

　この時期は、スポンジのように周りの出来事をグングン吸収していく
ため、両親や身近な人の行動が子どもに大きく影響を与えると考えられ
ます。
　そのため、親がお金に対する「悪い思い込み」を持っていると、子ど
ものお金の価値観に悪影響を及ぼします。

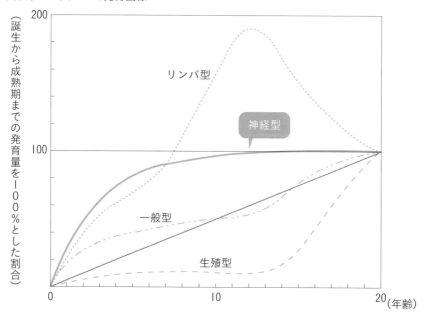

図表6　スキャモンの発育曲線

（誕生から成熟期までの発育量を100%とした割合）

200

リンパ型

神経型

100

一般型

生殖型

0

10

20 (年齢)

## なぜ人によって解釈が違うのか

　IT技術の発達で、情報が氾濫している現代社会。

　私たち現代人が1日のうちに触れる情報量は、平安時代の人たちの一生分、江戸時代の人たちの1年分ともいわれます。

　一方、私たちの脳が処理できる情報量は、そのうちのほんのわずかです。

　そのため私たちは、無意識に自分に必要な情報を取捨選択、処理しています。

NLPのコミュニケーションモデルによると、人間の脳は、外部からの情報を取り込んだ後、独自のフィルターを通して自分に必要な情報を受け取ります。

だから、同じ状況下で同じ情報を得た場合でも、人によって受け取り方が違うことがあるのです。

フィルターにはさまざまなものがありますが、お金にまつわる情報を処理する際に特に出やすいのが、不要なものを排除する「削除」、事実を自分に都合よく歪めてしまう「歪曲」、「Aとはこういうものだ」と一般化する「一般化」の3つです。

図表7　人はどのように情報を処理しているのか

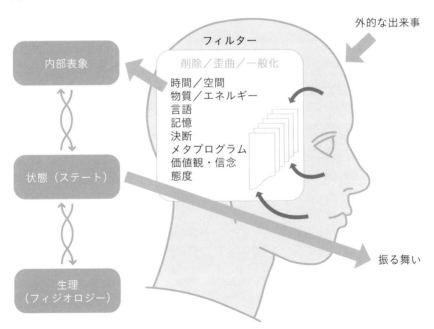

これらのフィルターは、記憶や自分の価値観などに紐づいています。

そのため、幼少期の出来事がお金のイメージを作り上げ、それによって形作られたフィルターを通した情報ばかりを集めて行動してしまう可能性があるのです。

具体例を見ていきましょう。

## 外的な出来事
- 宝くじで3億円が当たった。

## Aさんの場合
- 親から「お金は大事にしまって増やしなさい」と言われて育った
- 宝くじに当たって嬉しかったが、すぐに気持ちを落ち着かせる
- よし！ まずは貯金をして、どうするか考えよう
- 貯金、投資、使う割合を決めて資金計画を立てる
- 好きなものを予算内で買い、残りの資金は将来のために増やす

## Bさんの場合
- 両親は、臨時収入が入るとバーンと派手にお金を使い、上機嫌になっていた
- 宝くじに当たって、自分は運がいいとハイテンションに
- よし！ バンバン使うぞ！
- 普段買えないような高級品を買いまくる
- 気がついたらお金が手元にない

このように、同じことが起きても、人によって違う行動をとるのは、フィルターが違うからです。

特に、トラウマやマイナス思考があると、情報を歪める「歪曲」が起こりやすくなります。

このように、よくも悪くも両親のマネーリテラシーや行動が、お金の価値観や習慣として、子どもに引き継がれていくのです。

　ちなみに、心理学でいう「思い込み（ビリーフ）」と「価値観」の定義は、厳密にいうと違います。

　本書では、みなさんがシンプルに考えられるように、「お金に関する思い込み」「何にお金をかける価値を感じるか」「お金のことをどう思っているか」など、「お金に関する考え方全般」を「お金の価値観」と定義して、話を進めていきます。

## 親の口癖が作り出すお金の価値観とマネー習慣

　それでは、親のどんな口癖が、どのようなお金の価値観やマネー習慣を作っていくのか、具体例を見ていきましょう。

**1 お金はネガティブなもの**
- うちはお金がないのよ
- お金があると不幸になるのよ
- お金、お金って恥ずかしいわ

　無意識につぶやいてしまいそうな口癖ですよね。
「お金がない」という口癖は、実際に家計の状況が苦しい時に、思わず言ってしまうでしょう。

　一方、実際にはそれほど経済的に困っていなくても、言ってしまう場合があります。

それは、「過去に経済的に困窮した経験」がある場合です。

このような口癖を聞いて育った子どもは、「私はお金に縁がない」という価値観を作り上げ、毎日ケチケチとした生活を送る可能性があります。

逆に「お金があると不幸になる」という口癖の親もいます。

たとえば、幼少期に両親が金銭感覚の違いで仲が悪くなり、離婚したといった経験がある人は、そのような思い込みを持っていることがあります。

また、このような口癖を聞かされて育った子どもは、「お金は不幸のもと」「お金は諸悪の根源」といったお金の価値観が形作られ、お金を持つと苦しい感情がわき起こることでしょう。

その結果、お金から目を背けて、金銭管理をしたがらないかもしれません。

さらに、「お金はよくないものと言われて育った親」の子どももまた、お金に対してネガティブなイメージを持ちやすくなります。

お金は、生きていくうえで必要不可欠なものです。

だからこそ、幼い頃に触れた親の口癖（＝価値観）は、その人のお金の価値観形成に大きな影響を及ぼします。

### 2 投資は危ないもの

投資は危ないからダメ

投資はギャンブル、貯金が一番

私の個別相談に来られた方の中にも、身内が投資に失敗して大きな損失を被ったため、「投資はギャンブル。やってはいけない」と言われて

育った方が複数いました。

　このような環境で育った子どもは、「悪銭身につかず」「働かざる者食うべからず」といった価値観を作り上げ、絶対に投資はしない、貯金しかしないという行動を取りがちです。

　また、先日「ギャンブル好きの彼氏に困っています」というSNS投稿を見かけました。
　よく読んでみると、彼氏がつみたてNISAという投資にはまり、将来の資産形成のために彼女にもすすめているとのこと。

　彼女は「彼氏が投資詐欺に巻き込まれているのでは？」と心配になって両親に相談したら、「投資はギャンブルだから、やめさせたほうがよい」とアドバイスを受けたそうです。

　そのSNS投稿には、「問題なのはあなたとあなたの両親。お金の勉強をしましょう」とのコメントがついていました。
　このように、まだまだ「投資はギャンブルだ」と思い込んでいる人は多いのですね。

　ちなみに、日本は江戸時代まで投資先進国だったのをご存じでしょうか。
　世界で初めて先物取引が誕生したのも日本でした。

　ところが明治時代に入り、国を強くするために工業国を目指すことになっていきました。
　それに伴い、小学校から「勤勉に働いて貯蓄に励もう！」と教育されるようになったのです。

その後も国のために、戦時中は戦争のためにと貯蓄が奨励され、投資の文化は失われていったと言われています。

日本人が「貯金が一番」という価値観を持つようになったのは、こうした歴史から考えると自然な流れかもしれません。

しかし、健全に投資を行うことは、豊かな人生を送るうえでは大切な備えです。

2024年はNISA制度が恒久化されるタイミングでもありますので、これを機に誰もが気軽に、健全な投資ができるよう、お金の価値観を見直していただければと思います。

### 3 お金にはパワーがある

- ブランド物を身につけた私ってすごい！
- お金を使うと気分がいいわ
- 人生、お金がすべてよ

誰でもきれいな衣服を身にまとうと、気分がよいものです。

ただ、口癖になるほどお金や高級品に執着する場合は注意が必要です。

対外的な価値基準で自分や他者を評価し、お金や物で心の穴を埋めている可能性があります。

美人でスタイルがよいCさんのお母さん。

歳を重ねても容姿にこだわり、高級ブランドのファッションや高級コスメなど、何かとお金がかかります。

「やっぱりブランド物を身につけると、気分が上がるのよね！」

「高いものをバーンと買うと、気分がいいわ！」
　といった言葉を繰り返していました。


　また、買い物に行くたびに、
「とってもお似合いですね！　モデルさんみたいです。
　服に合わせてこちらのバッグもいかがですか？」
　と店員さんからすすめられると舞い上がり、買い物自体が目的になっていきました。


　気がつくと、家のクローゼットはお店のようにブランド物でぎっしり。貯金が底をつくなど、経済的にも困窮するようになっていったといいます。


　幼少期からずっと母親の口癖を聞いていたCさんは、そうした母親の衝動買いに反発していましたが、無意識のうちでは「お金持ちは偉い」「お金で幸せが買える」「お金で人生の全てが決まる」といった価値観が作り上げられていきました。


　そのうちCさんは、母親に反発していたにもかかわらず、嫌なことがあるたびに買い物でストレス発散をするようになりました。
　そして母親と同じように、収入以上の買い物をしてカードローンの残高が膨らんでいったのです。


　一方、貧乏だった子ども時代の反動で、浪費につながるケースもあります。
　自分自身が苦しんだ経験から、「子どもには貧乏な思いをさせたくない」といった親心を持ち、何かと高級品にこだわってしまうのです。
　こうした口癖も、「お金にはパワーがある」という価値観につながっ

ていくでしょう。

## 4 お金は人がくれるもの、お金は人に貢ぐもの

　　私のことが好きなら、お金ちょうだい
　　ちょっとお金貸してくれない？
　　お前はどうしようもない子だ！

　この口癖は、精神的にも経済的にも破綻につながりやすいので、要注意です。子どもの前では絶対に言ってはいけません。
　この口癖の背景には、次のような体験があったと考えられます。

　　愛情の代わりにお金をもらう習慣があった
　　経済的に自立したくない、自分は稼げない
　　自分の価値を否定されて育った

　また、その子どもは「お金は愛情の印」「お金は人がくれるもの」「私はお金を持つ価値がない」などの価値観を作り出します。
　その結果、経済的に依存したり、お金で人を操ろうとしたり、経済的に余裕がないのに、人にお金を貢いでしまったりします。

　ここまでにご紹介したよくある具体例を表にまとめました。
　心当たりがないか、チェックしてみてください。

| | 親の口癖 | 口癖の背景<br>（例） | お金の価値観<br>（例） | マネー習慣<br>（例） |
|---|---|---|---|---|
| ① | うちはお金がない<br>のよ | 突然家族に不幸が<br>起き、経済的に困<br>窮した | 私はお金に縁がな<br>い | ケチケチしすぎる |
| | お金があると不幸<br>になるわよ | 金銭感覚の違いで<br>両親が不仲、離婚<br>した | お金は不幸のもと | お金から目を背け<br>る |
| | お金、お金って恥<br>ずかしいわ | お金は汚いものと<br>して育てられた | お金は諸悪の根元 | お金を管理したが<br>らない |
| ② | 投資は危ないから<br>ダメ | 身内が投資に失敗<br>して、大きな損失<br>を被った | 悪銭身につかず | 投資をしない |
| | 投資はギャンブ<br>ル、貯金が一番 | 「投資はギャンブ<br>ル」が家訓 | 働かざる者食うべ<br>からず | 貯金しかしない |
| ③ | ブランド物を身に<br>つけた私ってすご<br>い！ | 外的な価値基準で<br>自分や他者を評価 | お金持ちは偉い | 浪費、ギャンブル |
| | お金を使うと気分<br>がいいわ | 買い物でストレス<br>発散 | お金で幸せが買え<br>る | 買い物依存 |
| | 人生、お金がすべ<br>てよ | 貧乏だった子ども<br>時代の反動 | お金で人生のすべ<br>てが決まる | 身の丈に合わない<br>ものを買う |
| ④ | 私のことが好きな<br>ら、お金ちょうだい | 愛情の代わりにお<br>金をもらう習慣が<br>あった | お金は愛情の印 | 経済的に依存する |
| | ちょっとお金貸して<br>くれない？ | 経済的に自立した<br>くない、自分は稼<br>げない | お金は人がくれる<br>もの | お金で人を操る |
| | お前はどうしようも<br>ない子だ！ | 自分の価値を否定<br>されて育った | 私はお金を持つ価<br>値がない | お金を貢いでしま<br>う |

**ポイント**

　　幼少期の出来事がお金のイメージを作り上げ、それによって無意識のうちに形作られていくのがお金の価値観である。「言われたことがある」「耳にしたことがある」口癖がないか振り返ってみよう。

# お金の教育が必要なのは、子どもではなく大人

## 子どもが学校で学ぶ金融教育とは

　第2章でもお話ししたように、2022年4月、高校の家庭科で必修化された資産形成の授業。

　このタイミングで始まった背景には、成年年齢の引下げがあります。

　しかし、あまり知られていませんが、金融教育は2005年からスタートしています。

　金融広報中央委員会は2005年を金融教育元年と位置付け、2007年には小学校、中学校、高等学校における指導計画例を示すなど、金融教育の推進を行っています。

　そして2017年から始まった学習指導要領の改訂を受けて、小学校から高校まで金融教育を体系的に習得するよう定められました。

　2020年4月から小学校で、2021年4月から中学校、2022年4月から高等学校で金融教育が実施されています。

　学校では、どのような金融教育がされているのでしょうか？
　ここで少しだけ概要をご紹介します。

　身につけたい金融知識の年齢別目標は、年齢に応じて4つの分野に分類されています。

## 1 生活設計・家計管理に関する分野

　資金管理と意思決定、貯蓄の意義と資産運用、生活設計、事故・災害・病気などへの備えなど

## 2 金融や経済の仕組みに関する分野

　お金や金融の働き、経済把握、経済変動と経済政策、経済社会の諸課題など

## 3 消費生活・金融トラブル防止に関する分野

　自立した消費者、金融トラブル・多重債務など

図表8　金融教育の4つの分野と重要概念

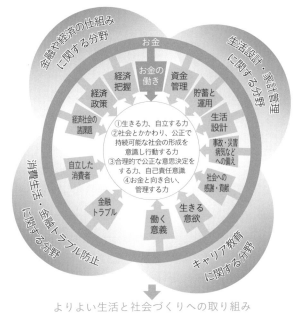

よりよい生活と社会づくりへの取り組み

（出典：「金融教育プログラム」金融広報中央委員会〈2016〉）

**4** **キャリア教育に関する分野**

働く意義と職業選択、生きる意欲と活力、社会への感謝と貢献など

こうしてみると、大人顔負けの金融教育を受けているように見えますね。

一方、こちらも第2章で紹介した金融リテラシー調査（2022年）では、下記のようなことが明らかになりました。

■ 8割以上の人がお金の知識に自信がない
■ 金融教育を受けたことがある人はわずか7%
■ 金融商品を購入した人の3割が、商品をよく理解せずに購入

みなさん、高校生が学校で学ぶ金融教育の内容をちゃんと理解していますか？　子どもに質問されたら答えられるでしょうか。

結構ハードルが高いですよね。

しかし、金融教育の実態を見ると、さまざまな課題もあります。

まずは、金融教育に当てられる授業時間数です。

高校で学ぶ金融教育は年間6～8時間程度です。

2022年2～3月、日本証券業協会が行った「中学校（教員・生徒）における金融経済教育の実態調査」では、44%の教員が「授業時間数が足りない」と回答しています。

また、「教える側の専門知識が不足している」と回答した教員も半数近く、政府が進める「資産所得倍増プラン」の課題ともなりそうです。

■ 学校での金融教育の授業時間数は十分でない

- そもそも子どもが学ぶ内容を大人が理解していない
- 親のお金の価値観は、子どもに引き継がれる

　以上のことから私は、「**お金の教育が必要なのは、子どもではなく大人**」だと考えています。

　学校での授業時間数が短いということは、家庭でのお金のとらえ方が、子どもにより大きな影響を与えるということでもあるからです。

## 大人が正しい知識を学び、実践することがお手本になる

　また、子どもが学校でいくらよい内容を学んでも、親のマネー習慣やお金の価値観に問題があれば、子どもは実生活と結びつけるのが難しくなります。

　たとえば、子どもが「お金は計画的に使いましょう！」と学校で学んでも、「うちの親は衝動的にパッとお金を使って楽しそう。じゃあ別にいいよね」と解釈しかねません。

　私のお金の使い方や貯め方は、何十年たった今でも、子どもの頃に父親が教えてくれたお金の教育が大きく影響しています。

- お金は目の前にあったら、使ってなくなるもの。すぐに使わないお金は貯金をする
- お誕生日プレゼントなど特別な出費は、あらかじめ計画を立てて準備する
- 税制優遇は積極的に使うとお得

　ほんの小さな習慣かも知れませんが、何十年も継続すれば、大きな差につながります。

また、金融教育は単発で学ぶより、体系的かつ継続的に学ぶことが大切です。

　たとえば、「投資の始め方」だけを学ぶのではなく、ライフプランやお金を使う、貯める、管理する習慣もセットで学ぶほうが、具体的に自分の人生に活かすことができます。

　また、ライフステージによって必要な知識は違うので、その時々に必要な最新情報に基づいて学習、実践する必要があります。

　子どもへの金融教育ももちろん大切ですが、大人も正しい知識を学び、年齢や時代に応じて知識や行動をアップデートしていくことで、子どものお手本となれるように実践していきたいですね。

### ポイント

　自らの価値観を見直し、正しい知識を学ぶことが、「自分らしい」マネー習慣の第一歩。学ぶのに遅すぎることはありませんよ。

# 思い込みと刷り込み

## ほしいものをあなたから遠ざけているのは「思い込み」

　ここからは、第4章で行うワークでどのようなものと向き合っていくのか、具体的に説明していきます。

　最初に向き合うのは、あなたの中にある「思い込み」です。

　この本を手に取ったあなたは、「お金の勉強をしなきゃ。でも行動できない」と思っている人が多いのではないでしょうか？
「分かっているけど、やめられないお金の習慣」に悩んでいる人もいるかもしれません。

「金融知識を身につけて、コツコツとお金を増やしたい」
「経済的にも精神的にも豊かな人生を送りたい」
　と思っているのに、何があなたを望む状態から遠ざけているのでしょうか？

　その原因は、無意識に働いている「思い込み」にあります。

　思い込みとは、価値観とは違って「正しいか間違っているかによらず、自分が心の底から信じている固定観念」です。

　心理学の用語では、「ビリーフ」ともいわれるものです。

　この思い込みがネガティブなものであればあるほど、ほしいものが手に入りにくくなります。

逆に、ポジティブな思い込みがあると、自分が望む状態を作りやすくなるのです。

「そんな都合のいい話……」と思うかもしれませんが、これはお金に限らず、人生全般にいえることです。
　この「思い込み」はどこからきて、どうやって作られるのか、心理学の観点から詳しく見ていきましょう。

## 思い込みが与える影響

　一度形成された「思い込み」は無意識の領域にとどまります。
　気づいて変えていかない限り、あなたの人生を左右するほどパワフルなものです。

「思い込み」は、色眼鏡のようなものだと考えると分かりやすいと思います。
　たとえば、赤いレンズの色眼鏡をかけて見れば赤く見え、青いレンズで見れば青く見えます。
　透明のレンズであれば、ありのままの色で見えるでしょう。
　具体的な例で考えてみましょう。

### Aさんの事例
　Aさんは文章やプレゼン資料作成がとても上手です。
　しかしプレゼンとなると話は別。人前に出ると顔が赤くなり、手に汗を握ってしまいます。

「今日こそはうまくプレゼンするぞ！」と意気込んで完璧なスライド資料と台本を用意したAさんですが、いざプレゼンが始まると、「私はプ

レゼンでいつも失敗する」という思い込みが頭をよぎりました。
　極限の緊張状態でうまく話せません。

　さらに悪いことに、スライドと違う部分の台本を読んでしまい、聞いている人を混乱させてしまいました。
　顔が真っ赤になったＡさんは、
「あー、やっぱり私はいつもプレゼンで失敗する。今回も失敗した」
と感じ、Ａさんの思い込みは、ますます強くなっていきました。

## Ｂさんの事例

　Ｂさんは、文章やプレゼン資料作成が得意ではありません。しかし、人前で話すのが上手です。
　準備は完璧ではなくても、なぜか本番ではうまくいってしまいます。

「今日も本番でうまく行くぞ！」と意気込むＢさん。
　修正の余地があるスライド資料と台本でプレゼンを始めたところ、さっそく資料の中にちょっとした間違いを見つけました。

　Ｂさんはとっさに口頭で修正してお詫びをし、聞いている人も納得している様子です。
「あー、やっぱり私は本番に強い。次回、資料をもう少し丁寧に作ったら、もっといいプレゼンができる！」
　Ｂさんの思い込みは、ますます強くなっていきました。

　いかがでしたか。
　もしかすると、「そういえば自分も……」と思い当たることが浮かんだ人もいらっしゃるかもしれません。

Aさんは、完璧な資料を準備し、「今日こそはうまくプレゼンしたい！」と思っていました。

　しかし「いつも失敗する」という思い込みがマイナスに働いてしまい、結果的に失敗してしまいました。

　このようなマイナスの思い込みを「リミッティング・ビリーフ (Limiting Belief)」といいます。

　プレゼンで失敗するかどうかは、やってみないと分かりません。

　にもかかわらず、Aさんは「いつも失敗する」と信じているために、感情や行動がマイナスの方向へ引っ張られてしまったのです。

　一方Bさんは、「私は本番に強い」というプラスの思い込みを持っています。これを「エンパワーリング・ビリーフ（Empowering Belief）」といいます。

　Bさんは苦手なことを気にすることなく、「人前で話すことが上手で、本番に強い」という前向きな思い込みに目が向いています。

　その結果として、ピンチをうまく切り抜ける現実を作り上げているのです。

　これをお金の話に置き換えてみましょう。

　もし「お金は汚いもの」と思っていたらどうでしょうか？

　お金のマイナス面にばかり注目してしまうので、脳はお金が汚いことを証明する情報を集めます。

　そのため、感情も行動も思い込み通り、マイナスの方向へ動いていきます。

一方、「お金は人生を豊かにしてくれるもの」という思い込みを持っていれば、プラスの部分に目を向けて、結果的に豊かになるための行動をとるのです。

## 思い込みと刷り込み

　そもそも、この「思い込み」はどうやって作られるのでしょうか？

　諸説ありますが、社会学者のモリス・マッセイ（Morris Massey）博士の研究によると、人の思い込みや価値観は、21歳までに作られます。
　その中でも、「三つ子の魂百まで」のことわざのように、幼少期に刷り込まれたこと、特に7歳までの影響が一番大きいといわれています。

　これは、先ほど紹介したスキャモンの発育曲線が示した「6〜9歳までに脳の9割ができあがる」という研究結果とほぼ一致していますね。
　幼少期での体験が、その後の人生に大きな影響を及ぼすことがよく分かります。

　さらにモリスは、思い込みや価値観が形成される期間を3つに分けて、次のように説明しています。

### 刷り込み期（0〜7歳）

　7歳までは、身の周りの出来事すべてをスポンジのように吸収し、それらは真実として脳に刷り込まれていきます。

　特に、両親からの影響を強く受けるため、親の思い込み、価値観から生活環境まで、この時期に見たもの、聞いたこと、感じたものすべてが子どもの思い込みや価値観を作り上げていくのです。

「あなたはとっても素晴らしい！」などプラスの体験が多い子どもは、プラスの思い込みが作られて自己肯定感が高まります。

　これは、お金に関しても同様です。

　注意すべきはネガティブな体験です。
「あなたは本当にダメな子だ！」と言われて育った子どもは、深刻なトラウマを抱えることになります。

　まだ幼いから分からないだろうと思って、お金をめぐって夫婦で頻繁に言い争ったり、「お金は不幸のもとよ！」と口癖のように言っているとしたら……。

　大人が思う以上に、子どもの脳の吸収力は高いもの。悪いお金の記憶や思い込みが、子どもの脳に深く刻まれていくのです。

## モデリング期（8〜13歳）
　小学2年生〜中学1年生くらいになると、お手本を見つけて真似するようになります。これをモデリングといいます。

　お手本は、尊敬する先生や友達、会ったことのない有名人や歴史上の人物などです。
　刷り込み期のように盲目的に信じるのではなく、自分に合うか確かめながら、お手本の価値観や立ち振る舞いなどを吸収していきます。

　同時に、あまり好きではない価値観や生き方も明確になってきます。
　自分が好きな価値観と、そうではない価値観とを比較しながら、自分なりに解釈をした思い込みが形成されていきます。

**社会化期（14〜21歳）**

　中学２年生〜21歳は、主に仲間から大きな影響を受けます。

　自分と似た価値観の人と付き合う一方、人間関係が広がるにつれて、さまざまな価値観、思い込みに触れる機会が増えていきます。

　そして、たくさんの経験の中から、プラスの思い込み、マイナスの思い込みが作られていきます。

　このように、人はさまざまな経験を通して自身の価値観を作り上げていきますが、これは「よほどの出来事がない限り、子どもは両親と同じ思い込みを持つ確率が高い」ということも示しています。

## まずは「思い込み」に気づくことが大事

　ここまで読んでみて、
「思い込みに気づかなくても、改善できる方法はあるんじゃないか？」
　と思った方もいるかもしれません。

　しかし結論から言うと、まずは思い込みに気づき、手放さないと、根本的には改善できません。
「本当はそうしたくないのに、どうしてもやってしまう」などの問題行動を繰り返してしまうのです。
　なぜこのようなことが起こるのでしょうか？

　私たちは、意識と無意識によって日々意思決定を行っています。
　意識とは自覚していることであり、無意識とは自分自身では気づいていないことです。

　この意識と無意識の割合はどれくらいだと思いますか？

実は、意識はたったの1〜3％、残りの97〜99％が無意識です。
つまり、私たちが意識できているのはごくわずかなのです。

たとえば「分かっちゃいるけどやめられない」悪習慣は、意識の部分では「やっちゃダメ」と分かっているのに、「悪習慣を続けたい」理由が無意識に刷り込まれていて、やめられないのです。

思い込みに気づくことは無意識を自覚することです。
自覚して初めて根本的な問題が見つかり、改善できるようになります。

第4章でご紹介する「お金の価値観ワーク」では、まず無意識にある思い込みに気づき、どのようなお金の価値観、マネー習慣を作っているのかを冷静に見つめていきます。
そして問題を引き起こしている原因を特定して手放します。

今までの金融教育は、理論を中心に行われてきました。
そのため、無意識に問題が潜んでいる場合、正しい知識があっても行動できないのです。

これからは正しい知識に加えて、健全なお金の価値観・習慣を身につけることが求められる時代です。
これはファイナンシャル・セラピーだからこそできることです。

ポイント

自分自身の経験と振り返ってみると、自分を苦しめている思い込みが見えてくる。まずはその思い込みに気づくことが大切。

# 思い込みを手放す

## なぜ手放すことが必要なのか

　自分自身の思い込みに気づくことができたら、次にお金の価値観ワークで行うのは、「思い込みを手放す」ということです。

「物を手放すと人生が好転する」と聞いたことはありませんか？
　なんとなく分かる人もいれば、スピリチュアルみたいでよく分からない人もいるでしょう。
　ここでは、なぜ手放すことが必要なのか、エピソードを交えながら解説していきます。

### エピソード1　断捨離
　みなさん、「断捨離」という言葉をご存じですか？
「断捨離」とは、物への執着心を手放すことで、身軽で快適な生活や人生を手に入れようとする考え方のこと。

　たとえば、古くなった服や、あまり似合わない服でいっぱいのクローゼット。
　その状態で新しい服を買ったら、さらにクローゼットはパンパンになりますね。入りきらなくなったら、部屋に服をかけっぱなしにするかもしれません。

　一方、もう使わない物を減らし（手放し）たら、スペースが空きますよ

ね。新しいものを収納できるようになります。

こまめに断捨離（手放し）したら、新しい服をすぐに収納できるし、着たい服もすぐ見つけられるし、いつも整理整頓された状態が保てます。

つまり、手放すことで快適な生活が手に入るのです。

## エピソード2　スマホのデータ整理

新品でまっさらな状態のスマホは、動きもスムーズです。

アプリもたくさんダウンロードできるし、写真もメールもたくさん保存できます。

もしデータを全く整理することなく、スマホを使い続けたらどうでしょうか？

アプリがたくさんあり過ぎて、いざ使おうとすると、どこにあるか分かりません。

あの時の写真をSNSに投稿したいと思っても、すぐに見つからないでしょう。

さらに整理することなく、スマホを使い続けたら、どうなるでしょうか？

スマホ本体に負荷がかかり、操作時の動きが遅くなります。まさにカオス状態です。

負荷を減らそうとデータを整理しようとしたら、無駄なデータが膨大に出てきて、とんでもない時間と労力がかかります。

こまめに不要なデータを削除していたら、スムーズに使い続けることができたのにと後悔することでしょう。

データの削除（手放し）が遅れたことで、問題が大きくなったのです。

## エピソード3　自分に合わない考え方・習慣

　Ａさんは、小さい頃から独創的なアイデアを持っている人です。

　しかし、大人になる過程で「出る杭は打たれる」経験をしました。

　Ａさんは周りから笑われたり、攻撃されたりしたくなかったため、なるべく目立たないよう、周囲の人に合わせる習慣を続けました。

　しかし、本来の自分を隠し続けたことでストレスがたまり、頻繁に体調を崩すようになってしまいます。

　その後、Ａさんはコーチングを通して、自分が本当に大事にしていることは「独創性」だと気づきました。

　それからは、周りに合わせて本来の自分を隠す習慣をやめて（手放し）、独創性を活かす趣味を持つようにしたところ、Ａさんの体調は徐々によくなり、生きづらさが解消されたといいます。

　この３つのエピソードは、一見何のつながりもないように見えますが、ある共通の法則が見えてきます。

　不要なものや自分に合わないものを手放すと、スムーズにことが進み、状況が好転したという点です。

　逆に、もしこれらの状態を放置して自分に合わないものにしがみついていたら、Ｃさんのように体調を崩すなど、問題が起こってしまいます。

　「物を手放すと人生が好転する」といわれるのは、このような理由からなのです。

## 手放す基準を持つ

それでは何を基準に手放しを行えばよいのでしょうか？

たとえば、片付け術として世界的に有名なこんまり®メソッドは、日本だけではなく、アメリカでも圧倒的な支持を得ています。
その理由の一つが、「ときめくかどうか」という手放す基準です。

この「ときめき」が、何かと論理的に考えがちなアメリカ人にとって、直感的で斬新なアイデアだったといわれています。
また、物理的に物が減って家の中がスッキリするだけではなく、「ときめき」を通して、自然と心の整理ができるところも人気の秘密だそうです。

それでは、私たちの心に蓄積している不要な「考え方」や「習慣」はどうすればよいでしょうか？
ウェルス・ファイナンシャル・セラピー®では、「心を豊かにしてくれるかどうか」を手放す基準にしています。

あなたにとって、本当に心を豊かにするものは何でしょうか？
たとえば、家族との時間、友達とのおしゃべり、趣味・娯楽の時間、自分磨きの時間かもしれません。

一方、エネルギーを奪うものは何でしょうか？
もしかすると、行きたくもない飲み会、夫婦げんか、多額の借金、健康の不安などがあるかもしれません。

また、一時的には楽しくても、長期的には有害なことは何でしょうか？

　やけ食いや深酒、スマホゲームや衝動買いなど、「やめたいけどやめられない」ものがないか考えてみましょう。

　「そうは言ってもこうすべき」といった固定観念に縛られていては、手放すことは難しくなってしまいます。

　子どものようなまっさらな気持ちで、自分の直感に素直に従いましょう。

　「心を豊かにする」ことを基準にお金の価値観を取捨選択すると、自分が本当に必要としているもの、心地のよいものだけが手元に残ります。

　他者基準の価値観、自分のエネルギーを消耗する考え方を手放すことで本来の自分が望んでいることが明確になるからです。

　このように、思い込みを手放し、本来の価値観に合った未来を想像しながら具体的なライフプランを立てると、自分が心から望む人生設計ができるようになります。

**ポイント**

　思い込みを簡単に手放すことはできないかもしれないが、ゆっくりと向き合いながら、自分本来の価値観に気づいていこう。

# ほしい未来から逆算して、
# お金を増やす

　自分自身の思い込みを手放し、本来の価値観がわかったところで、それに合った未来を想像していきます。
　具体的には、次のような手順でワークをやっていきます。

1. 「人生の輪」ワークで人生の満足度を知る
2. 人生におけるお金の位置付けを知る
3. お金の価値観を大事にしながら、人生の満足度をあげる方法を10年単位で考える
4. 価値観に合った未来を楽しく想像する
5. ざっくりとしたライフプランを立てる

　このような流れで考えていくと、自分が本当に実現したい未来を現実にするための「お金の目標」を、具体的に立てられるようになります。

　これを読んで、
「未来を楽しく想像するってどういうこと？」
「ライフプランってしっかり立てたほうがいいんじゃないの？」
　と思った方もいらっしゃるかもしれません。

　ほかではあまり見られない考え方でもあるので、そう思われるのも無理はありません。
　しかし、ファイナンシャル・セラピーではどちらも大切な項目です。

　みなさんは、ライフプランを立てたことがありますか？

ライフプランとは、何歳までにどんなライフイベントがあるのか、それぞれいくらかかるのかなども含めて具体的に考える人生設計のことです。

　主なライフイベントには、就職、結婚、出産・育児、マイホーム購入、老後などがあります。

　ライフプラン表は、収入、毎月の生活費、貯蓄、子どもの人数と教育費、マイホーム費用、老後資金など、数字のオンパレード。

　数字が苦手な人は、強い抵抗感を覚えやすいでしょう。

　また、マネー回避傾向がある人は、将来のことを考えると不安になるため、ライフプランを立てること自体を避けようとします。

　若い世代の人は、10年、20年、30年先を想像しづらいケースもあり、必要性を感じながらも、なかなか作るのが大変なものです。

　そのため、ライフプランを自分で作る人はそう多くありません。

　このライフプランは、ぼんやりとしたお金の不安が可視化されるメリットがあります。

　一方、人生は何が起こるか分からないし、何歳まで生きられるかも分かりません。

　ライフプランは必要ですが、不確実な将来に対して緻密な計画を立てると、「その通りに実行しなければならない」と自分を縛りつけてしまいかねません。

　せっかくの楽しい未来のための計画が、ストレスを引き起こしてしまっては、本末転倒ですよね。

　そこで私がおすすめしているのが、最低限のざっくりライフプランの

作成です。

　数字は次の3点だけ押さえるようにしています。

　　人生3大支出「住宅資金」「教育資金」「老後資金」を知る
　　毎月の支出を知る
　　現在の資産状況を知る

　あとは、自分が実現したい未来を2〜3パターン考えて、楽しい妄想をしてもらいます。

　70歳になったら、生まれ故郷に戻ってのんびり過ごすとか、東南アジアに移住するとか、一生現役で働くとか、やってみたいことを妄想してもらうのです。

　そのうえで、毎月いくらまでなら投資にお金を使えるか、何歳くらいまで働くか、少しずつ現実的なことを考えていきます。

　ここまでできたら、お金に関して、「1年後にどういう状態になりたいか」を明確にします。

　そしてそれを実現するためには、6ヶ月後、3ヶ月後はどういう状態になっていればよいか考えていくのです。

　ざっくりライフプランのメリットは、自分で簡単にできることと、近い将来のことを具体的に考えるため、実現可能性が高いということです。

　自分の価値観に合った明るい未来をイメージしながら、折にふれてざっくりライフプランを見直していく。

　そうすることで、無理なく自分の求める未来が現実に近づいていくのです。

さあ、あなたの場合はどうですか？

まだ将来のイメージがぼんやりしていても大丈夫。ここまではウォーミングアップの時間です。

第4章のワークを実際にやってみることで、きっとあなたも「自分のお金の価値観に合ったライフプラン」を完成させ、実現したい未来への第一歩を踏み出すことができるでしょう。

それでは第4章で、お金の価値観ワークにじっくり取り組んでいきましょう！

### ポイント

お金の価値観に合った将来を想像し、それに向けたライフプランを作ることで、漠然と資産運用するよりも、前向きに、効率よく取り組むことができる。

# お金の
# 価値観ワーク

# ワークを始める前に

お金の価値観ワークでは、まずは「お金の思い込みに気づく」ことが大事だとお伝えしました。

その次に「不要な思い込みを手放す」。これによって自分が本当に大切にしている「お金の価値観」が明確になります。

そしてその価値観に基づいてライフプランを作ると、心から実現したい未来に向かって、お金と上手に付き合えるようになるのです。

本章では、ワークの具体的なやり方を解説します。

「何が正解か」と考えたり、完璧にやろうとするのではなく、「なんとなくこんな感じ」とリラックスしてワークをやりましょう。

---

〈ワークに取り組む前の注意事項〉

本ワークでは、人によっては思い出したくない過去、特に幼少期を振り返る場合があるため、18歳以上の方を対象としています。18歳未満の方は、保護者と一緒に取り組みましょう。

また、精神疾患の既往のある方や精神安定剤などを服用中の方は、主治医の許可を得てから行うようにしてください。

精神面、体調面に不安がある方も、無理をせずに元気な時にやりましょう。

---

# お金のインタビュー

　このワークでは、「自分とお金との関係」や「両親とお金との関係」
を明らかにしていきます。
　お金の価値観ワークに入る前のウォーミングアップで、ひとりで気軽
にできるワークです。
　リラックスできる場所でのんびりとやってみましょう。

　もし家族など一緒にできる人がいたら、インタビュー形式が効果的で
す。
　余談ですが、私は夫と一緒にやることで、金銭感覚をめぐる言い争い
がなくなりました。
「こんなにも、両親の思い込みや過去の出来事に影響を受けているん
だ」と気づき、相手のお金の価値観や習慣を尊重できるようになったの
です。

　お金のことを気兼ねなく話せる友人や、心理学に興味がある友人がい
らっしゃる場合は、一緒にやってみるのも面白いですよ。

　まずは、ゆっくり深呼吸をしてリラックスしましょう。
　模範解答はありません。答えは一人ひとり違います。
　なんとなくポンと頭に思い浮かんだことが、あなたにとっての正解で
す。
　次のポイントをおさえて、気楽にやってみましょう！

## ワークのポイント

- 論理的に考えるのではなく、直感的に答える
- なるべく幼少期の出来事を思い出す。子どもの頃のあだ名や、〇〇ちゃん、〇〇くんなどの呼び名で語りかけると幼少期の自分を思い出しやすい。難しかったら覚えている範囲で、過去の出来事を思い出す
- ひとりで取り組む場合は、大人の自分が子どもの自分に語りかけるように質問を読み、紙に答えを書いていく
- 2人で取り組む場合は、インタビューされる人は質問項目を見ずにインタビューを受ける。インタビューした人は紙に答えを書き、最後に相手に渡す
- イメージがわかない時には、よくある例を参考にする（二人で取り組む場合は、相手が答えられない場合にインタビュアーが例を読み上げるなど）
- 精神的に不安定になるくらいつらくなった場合には、ワークを中断する

　このインタビューを通して、自分のネガティブな思い込みに初めて気づくこともあるでしょう。
　しかし、見つかったからといって、落ち込む必要はありません。

　思い込みは誰にでもあるものですし、思い込みが作られた背景には、肯定的な理由があるものだからです。
　ほとんどの場合、その当時の自分を守るために必要だったものと言えるでしょう。

　自分を責めたり、恥ずかしいと思ったりせずに「つらかったね。よく頑張ったね！」と愛情を持って接してあげてください！

112

# インタビュー項目

**Q1** お金とあなたの関係を作り上げた、ポジティブな出来事、ネガティブな出来事について教えてください。

例

- 小学生の頃、兄と二人で銀行に行って口座を作り、お年玉を貯金した
- 計画的にお小遣いを貯めて、家族3人分の誕生日プレゼントを買った
- 大学入学直後に父が急死、経済的危機に陥り、大学中退寸前になった

**Q2** あなたの両親とお金との関係は、どのようなものでしたか？

事実かどうかは関係ありません。あなたから見て「こんな感じに見える」といった直感的なイメージでOKです。

例

- 父はとても堅実で、お金を大切に使う
- 母はお金を持つとハッピーになり、パッと使ってしまう

**Q3** 次の文章を完成させてください。

「私の父（母）は『お金は○○』と思い込んでいた」

例

- 私の父は、お金は「苦労して稼ぐものだ」と思い込んでいた
- 私の母は、お金は「人がくれるものだ」と思い込んでいた

**Q4** 両親の「お金の思い込み」があなたに与えた影響は？

例 ....................................................................................................

- お金はコツコツと貯めるもの
- お金は一生懸命働いて稼ぐもの
- お金は必要な時に人がくれるもの

**Q5** 次の文章を完成させてください。

「今私は、自分が望む金銭的状態にある（ない）。なぜなら……」

例 ....................................................................................................

- 望む状態にない。なぜなら父親ほど稼いでいないから。
- 望む状態にある。なぜなら余裕のある生活ができているから。

**Q6** あなたがほしいと思うだけのお金を手に入れるためには、何をしなければなりませんか？

例 ....................................................................................................

- 新しいスキルを身につける（〇〇の資格を取るなど）
- 昇進する
- 副業を始める
- 転職する
- 資産運用を始める

**Q7** あなたがほしいと思うほどのお金を手に入れたり、稼いだりすることから、あなたを押し留めているものは何ですか？

例 ....................................................................................................

- 私には稼ぐ能力がないから

- 子どもの頃から貧乏で、お金に縁がないから
- お金を稼ぐことは難しいから
- お金を持つと、パッと使ってしまうから
- お金を管理するのは難しいから
- お金をたくさん持つと怖いから

いかがでしたか？
普段考えることが少ない質問なので、思いもよらない発見があったでしょう。

過去を振り返る習慣がない人や、物事を難しく考える癖がある人は、なかなか思い出せないかもしれません。
私も最初はうまくイメージできませんでした。

でも、安心してください！
1回目でうまくいかなかった人は、別の日にやってみましょう。
自分の心に素直になれる場所と時間を確保し、リラックスして何回か繰り返していくと、自然とイメージできるようになりますよ。

## ポイント

自分の価値観には気づいていないことが多いもの。言葉尻にとらわれたり、決めつけたりすることがないよう注意する。

# お金の価値観ワークに
# チャレンジしよう

　さて、いよいよ「お金の価値観ワーク」です。

　このワークでは、「自分がお金に対してどう思っているのか」が明らかになります。

　ここで意識してみていただきたいのは、姿勢などを変えて取り組むとどうなるかということです。

　たとえば、楽しく飛び跳ねながら答える時と、握り拳を振りかざしながら答える時では、全く違う答えになるでしょう。

　ゲーム感覚でやるのがおすすめです。

**ワークのポイント**

- 「お金のインタビュー」と同じ要領で行う
- 二人でやる場合は、インタビューする人が体を動かしながら質問を読む。答える人も同じように体を動かしながら答える。たとえば、ニコニコしながら両手を上に広げる、しょぼんと下を向きながら小さな声で話すなど
- 1〜24の質問は、違う体の動きをしながら2回ずつやる。1回目は元気のある動き、2回目は静かな動きなど、違いが分かるようにする
- 1セット目と2セット目で、違う答えが出てくるかどうかチェックする

　では、実際にやっていきましょう。

## お金の価値観ワーク

次の文章を完成させてください。

**1** お金を持っている人は＿＿＿＿＿＿＿＿＿＿＿＿＿＿＿である

**2** お金は人を＿＿＿＿＿＿＿＿＿＿＿＿＿＿＿にする

**3** 私がもし、＿＿＿＿＿＿＿＿＿＿＿＿＿であれば、
もっとお金を持っていた

**4** 私の父はいつもお金を＿＿＿＿＿＿＿＿＿と思っていた

**5** 私の母はいつもお金を＿＿＿＿＿＿＿＿＿と思っていた

**6** 私の家族の中でお金は＿＿＿＿＿＿＿＿＿の原因だった

**7** お金は＿＿＿＿＿＿＿＿＿＿＿＿＿＿＿に等しい

**8** もしお金があったら、
私は＿＿＿＿＿＿＿＿＿＿＿＿＿＿＿＿＿＿

**9** もしお金に余裕があったら、
私は＿＿＿＿＿＿＿＿＿＿＿＿＿＿＿＿＿＿

**10** お金は＿＿＿＿＿＿＿＿＿＿＿＿＿＿＿ではない

11 私が恐れていることは、
もしお金があれば＿＿＿＿＿＿＿＿＿＿＿＿＿＿＿＿＿＿＿＿

12 お金とは＿＿＿＿＿＿＿＿＿＿＿＿＿＿＿＿＿＿＿＿＿＿＿＿

13 お金は＿＿＿＿＿＿＿＿＿＿＿＿＿＿＿＿＿＿の原因となる

14 お金があるからと言って＿＿＿＿＿＿＿＿＿＿＿＿＿＿＿＿

15 もっとお金を得るために、
私は＿＿＿＿＿＿＿＿＿＿＿＿＿＿＿＿＿する必要がある

16 お金を持っていると、
いつも私は＿＿＿＿＿＿＿＿＿＿＿＿＿＿＿＿＿＿する

17 私が思うに、お金とは＿＿＿＿＿＿＿＿＿＿＿＿＿＿＿＿

18 お金がもっと自由に使えたら、
私は＿＿＿＿＿＿＿＿＿＿＿＿＿＿＿＿＿＿＿＿＿＿＿＿＿

19 人はお金を＿＿＿＿＿＿＿＿＿＿＿＿＿＿と思っている

20 誰かが無一文になったということは、
＿＿＿＿＿＿＿＿＿＿＿＿＿＿＿＿＿＿＿＿＿を意味する

21 人が貧乏なのは＿＿＿＿＿＿＿＿＿＿＿＿＿だからである

22 人がお金持ちになるのは、

_____ するからである

23 貧乏な人は _____ である

24 お金持ちは _____ である

25 私が子どもの時、誰が金持ちの子で誰が貧乏な子なのかを知って
いた。私は _____ だった

26 この事が、私のお金についての思いに

_____ という影響を与えた

(この質問は1度だけでよい)

提供:発想と質問の一部をジュリア・キャメロンの『An Artist's Way』
©2002-2023 Tim Hallbom and Kris Hallbom www.thewealthymind.com
Translated by permission 2019, NLP-JAPAN Learning Center
This version modified by Chikako Uehara ©2023 All rights reserved.

第4章

お金の価値観ワーク

ワークをしていかがでしたか？

お金のインタビュー同様、答えは千差万別、人によって全く違うのが面白いところです。

たとえば、1番目の質問「お金を持っている人は○○である」に対して、次のような回答がありました。

- 能力が高い
- よく働く
- 高飛車である
- 腹黒い
- スケベである

また、12番目の質問「お金とは○○」に対しても、このような回答がありました。

- 生きるために必要なもの
- 豊かさの象徴
- 愛である
- エネルギーみたいなもの
- 汚らわしいもの

また、同じ質問でもポジティブなポーズをとった時と、暗い気持ちでやった時では、正反対の答えが出ることがあります。

これは、体の使い方によって脳が違う記憶や体験を参照しているためと考えられます。

たとえば、2番目の質問に対して、ポジティブな姿勢をとった1回目

は「お金は人を『幸せにする』」という回答だったのに、暗い気持ちで
取り組んだ2回目は「狂わせる」という回答になった事例もあります。

ポイント

　お金の価値観ワークには「正解」はない。自分の心に思い浮かん
だことを、素直に答えていくことで、価値観が浮彫りになってい
く。

# ネガティブな思い込みを
# 手放してみる

　どんなお金のイメージを持っているか、なんとなく分かりましたか？

　最初のワークで出てきた答えから、自分がどんなお金の価値観を持っているのか整理していきましょう。

　そして、以下の手順で検証して、もし不要なものがあれば、手放していきましょう。

　なお、ここで１つ気を付けていただきたいことがあります。

　それは、どんな価値観を持っているのか、答えを知っているのは自分だけということです。

　自分の答えを見て、自分自身で気づく必要があります。

　特に、インタビューした人が、相手の価値観を分析したり、「○○っていう価値観を持っているよね」と決めつけたりしてはいけません。

　「お金の価値観」は、両親から受け継いだり、過去の出来事に影響を受けたりしながら、自分自身で作り上げたものだからです。

　それでは、検証を始めていきましょう。

## 1 どんなお金の価値観を持っているのか

　お金の価値観ワークの回答を見て、自分にとって意外性があったものを３〜５個ピックアップしましょう。

　意外性があったということは、無意識の領域にあった考えに気づいた証拠です。ポジティブな答えも、少なくとも１〜２個は選ぶようにしてください。

## ２　事実なのか、思い込みなのかを確認する

　１でピックアップした答えは、事実ですか、思い込みですか？

　単なる事実ならそのまま受け止めましょう。

　自分が頑（かたく）なに信じている思い込みの場合は、次のワークに進みます。

## ３　心を豊かにする思い込みか、ネガティブな思い込みか確認する

　あなたの信じている思い込みは、心を豊かにしてくれますか、それともエネルギーを奪うネガティブなものですか？

　心を豊かにする思い込みには、感謝をしてそのまま持ち続けましょう。

　ネガティブな思い込みは、手放しリストに書き込みます。

　手放しリストは最後に捨てるものですので、紙などに実際に書いていくといいですよ。

図表9　手放しリストの例

| ネガティブな思い込み | ネガティブなマネー習慣 |
|---|---|
| お金を持っている人は高飛車だ | お金が十分にあっても、足りないような気がする |
| お金は自分で自由に使えるものではない | 自分のお金でも、自由に使ってはいけない気がする |
| 人はお金を汚いものだと思っている | お金を管理したくない |

## ４　３の思い込みが何によって形成されたのかを分析し、単なる思い込みだと認識する

　まずは、両親の「お金の思い込み」があなたに与えた影響をチェックします。

もし両親の思い込みが原因でなければ、他に原因となりうるエピソードを探してみましょう。

　たとえば、以下のようなエピソードがあります。

- 親がビジネスに失敗し、お金持ちから貧乏に転落した（お金は突然なくなるもの）
- 自分の貯金箱から、親に黙ってお金を取り出してお菓子を買いに行ったら怒られた（自分のお金でも、自由に使ってはいけない）
- 親にお年玉を預けていたら、いつの間にか生活費に消えてなくなっていた（お金は人にとられるもの）

　ここで重要なのは、「ネガティブな思い込みは事実ではない、自分が頑なに信じていることなのだ」としっかりと意識することです。

## 5 その思い込みが原因で身についたマネー習慣を考えてみる

　浪費、お金を使うと罪悪感を感じる、お金を管理したくない、仕事や寄付をして社会貢献するなど、お金にまつわる習慣を思い出してみましょう。

　その中に、3 で見えてきた思い込みが原因になっている行動がないか確認してみてください。

　価値観は行動に大きな影響を与えていますから、注意深く考えてみましょう。

## 6 その習慣をこれからも続けたいかどうか考えてみる

　直感で「嫌だ！」と思ったら、手放しリストに書き込みます。

　判断が難しい場合には、自分が尊敬する人や、理想の自分だったらなんと言うかを想像してみます。

また、論理的に説明できなくても大丈夫です。

考えすぎると、かえってよくわからなくなってしまうこともあります。自分の直感を信じましょう。

図表10　価値観の整理リストの例

| お金の価値観 | 事実 or 思い込み | その思い込みは心豊かor ネガティブ | 思い込みはどこからきた? | 作られたマネー習慣は? | 持ち続けたい? |
|---|---|---|---|---|---|
| お金を持っている人は高飛車だ | 思い込み | ネガティブ | 小さい頃、お金持ちの子どもに「貧乏人の子ども」と馬鹿にされた | お金が十分にあっても、足りないような気がする | いいえ |
| お金は自分で自由に使えるものではない | 思い込み | ネガティブ | 子どもの頃、親に黙って貯金箱を割ってお菓子を買いに行ったら怒られた | 自分のお金でも、自由に使ってはいけない気がする | いいえ |
| お金は生活の手段に等しい | 事実 | ー | ー | ー | ー |
| 人はお金を汚いものだと思っている | 思い込み | ネガティブ | 母は「お金、お金って恥ずかしいわ」とお金のことを避けている | お金を管理したくない | いいえ |
| 人がお金持ちになるのは社会貢献しているからである | 思い込み | 心豊か | 尊敬する先輩が、社会貢献をしてビジネスで大成功したから | 仕事や寄付を通して、社会貢献する | はい |

**7　この思い込みや癖はいらないと納得し、手放す**

6までで、あなたのお金の価値観は整理できました！

不要な思い込みやマネー習慣は、手放しリストに書いてあります。

あとは手放しリストに向かって、「今までありがとう。今日でお別れね。バイバイ！」と言って、くしゃくしゃにしてポイッと捨てましょう。

なお、この「お金の価値観ワーク」は、NLPマネークリニック®で使

うワークの一部を使っていますが、ゴールやプログラム構成は違います。

「お金の価値観ワーク」では、自分が大切にしている「お金の価値観を明確にすること」がゴールです。
　つまり思い込みに気づいて、ネガティブなものは手放し、ポジティブなものは大事に持ち続けるためのワークになります。

　一方、NLPマネークリニック®では、さらに深い心理ワークを行っていきます。
　ネガティブなお金の思い込みを深掘りしながら根本的な原因を特定した後、ポジティブな思い込みに変えて、最終的には生きづらさを解消していくことがゴールとなります。
　自分のお金の価値観をより深く掘り下げたいという方は、NLPマネークリニック®を学んでみるのもいいでしょう。

**ポイント**

　ネガティブな思い込みは、ほとんどの場合、自分を守ろうとして形成されてしまっていることが多い。そんな自分を責めるのではなく、しっかり受け止め、ゆっくりでもいいから手放していこう。

# 価値観に合った未来を想像してみる

## ポジティブなお金の価値観を味わう

　お金のインタビュー、お金の価値観ワークを通じて、みなさんが大事にしたい「お金の価値観」が明確になったところで、これらのポジティブなお金の価値観をじっくりと味わってみましょう。

　その時あなたは、今後お金とどのように付き合っていきたいと感じるでしょうか。

　たとえば、「人がお金持ちになるのは、社会貢献しているからである」という思い込みが、「仕事や寄付を通じて社会貢献する」というポジティブなマネー習慣を作っていたとします。

　それに気づいたことで、世の中をよくするための仕事や活動を増やしたり、お金の使い方や増やし方について社会との繋がりを意識するようになったりするかもしれません。

　このように、自分の価値観に基づいて、どんなことをしたいと思うかじっくり考えてみましょう。

## 人生におけるお金の位置付けを確認する

　人生、お金がすべてではありません。
　あなたの人生の中で、お金はどういう位置付けなのかを総合的に見て

いきましょう。

　本書では、「人生の輪」（バランスホイール）の考え方を使って、人生を構成する8つの要素に基づいて、人生の満足度を考えていきます。
　8つの要素とは、次の通りです。

　仕事・キャリア
　健康
　人間関係（家族関係も含む）
　お金（収入、資産に分けて評価）
　精神状態
　時間
　環境
　趣味・娯楽

　それぞれの項目について、現在のあなたはどの程度満足しているのか、10点満点で考えてみてください。
　次のページにレーダーチャートを用意していますので、それぞれの項目の点数を書き入れてみましょう。

　他の項目に比べて、お金の満足度はどうでしょうか？　すべてを10点満点にするには、何をすればよいでしょうか？

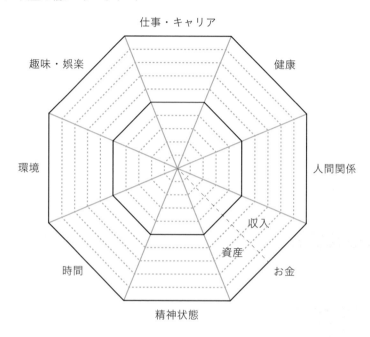

図表11　人生の輪レーダーチャート

仕事・キャリア
健康
趣味・娯楽
人間関係
環境
収入
資産
時間
お金
精神状態

## 価値観に合った未来を想像する

　次に、10年後、20年後どのような人生を送りたいのか、未来を想像してみましょう。

　想像するうえでのポイントは、次の通りです。

- 自分の価値観に合っているか
- 人生の輪の各項目が理想の形に近づいているか
- なるべく具体的な情景を思い浮かべ、その時に見えるもの、聞こえるもの、感じるものなども想像する

　具体例を見てみましょう。

**大事にしているお金の価値観**

　お金持ちは、仕事や寄付を通じて社会貢献している

**現状の人生の輪**

　仕事や収入、家族には満足しているが、時間に追われて、趣味・娯楽
の時間がない。収入の割にはお金が貯まらない。

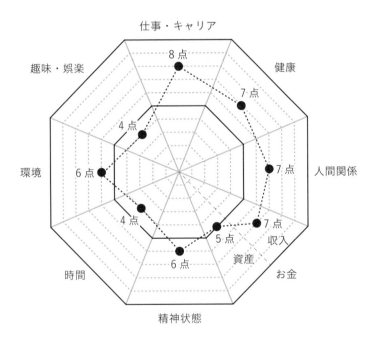

**10年後**

　仕事の効率化を図り、人に任せる仕事が増えて、時間にゆとりのある
働き方をしている

　リスキリングで◯◯を学び、時代の変化に対応できる貴重な人材に成
長している

　会社で評価されて収入が◯％上がっている

- 昔趣味だったトレッキングを再開して楽しんでいる
- 家計の見直しをして、毎月○万円先取り貯蓄をし、そのうち○万円を投資に回している

## 20年後
- 子どもが経済的に自立し、生活にゆとりが出てきている
- 定年退職が近づいても働き続けられるスキルと健康を維持している
- 社会貢献度の高いボランティア活動を始めて、人的ネットワークが充実している
- 家族との関係も良好で、心穏やかな生活を送っている
- 定年退職後は、地元の山梨で自然豊かな暮らしをするために、具体的な移住計画を立てている
- 先取り貯蓄と積立投資のおかげで、資産が○％増えている

みなさん、価値観に合った未来を楽しく想像できましたか？
イメージできたら、これもまたじっくりと味わってみてくださいね。

### ポイント

このワークに取り組む時は、「楽しく想像する」ことが大切。現状から考えるのではなく、「こうなっていたいな」と想像をふくらませよう。

# モデルケースを見ながら、ライフプランを作ってみよう

　ここからは、理想の未来を実現するためのライフプランを、モデルケースを見ながら作っていきましょう。

　具体的なステップは、次のとおりです。

ステップ①　損益計算書を記入して、現在の収支を明確にする
ステップ②　バランスシートを記入して資産・負債の状況を明確にする
ステップ③　ライフプラン表を記入する（余力があれば定年退職までのライフプランを作り、老後のシミュレーションを行う）
ステップ④　お金に関する年間目標を立てる

　まず、ライフプランを作るポイントを確認しましょう。

- 現在の収入、支出が続く前提で作る
- 将来の収入増減が明確に分かる場合は考慮する
- 各ライフイベントの費用はP208「ライフイベントと費用の目安」を参考に入力
- 年金額は「ねんきん定期便」や日本年金機構の「ねんきんネット」の数値を入力。分からない人はインターネットなどで「年金の目安」を調べて入力
- 将来のプランが何パターンかある人は、Aプラン、Bプランをざっくりと作る

　ここからは、具体的なモデルケースを見ていきます。
　モデルケースは4つご用意していますので、ご自分の状況に近い事例

を参考にするとよいでしょう。

　また、全体のライフプランの作り方は、モデルケース①で詳しく説明しています。

　モデルケース②〜④を参考にされる方は、必要に応じてモデルケース①をご参照ください。

　なお、次のページからご紹介しているざっくりライフプランシート①〜③は、下記のURLからエクセルファイルをダウンロードしていただけます。

　ご自身のライフプラン作成の際にお役立てください。

ざっくりライフプランシートURL
https://tinyurl.com/2dreaeee
（※ダウンロードしてからお使いください）

## ざっくりライフプランシート①　損益計算書

| 費　用 | | | 収入（手取り） | |
|---|---|---|---|---|
| 基本生活費 | （食費、水道光熱費、通信費、日用品など） | 万円 | 給与収入 | 万円 |
| 住居関連費 | （家賃、住宅ローン、管理費、固定資産税など） | 万円 | その他の収入（児童手当、副業、不動産賃料など） | 万円 |
| 車両費 | （駐車場代、ガソリン代、自動車税など） | 万円 | | |
| 教育費 | （学校教育費、塾、習い事など） | 万円 | | |
| 保険料 | （家族全員の生命保険、医療保険など） | 万円 | | |
| その他の支出 | （レジャー費、交際費など） | 万円 | | |
| 利益（貯蓄＝余剰金） | （収入－総支出） | 万円 | | |

費用合計　A　　　　　　　　　　万円　　　　収益合計　B　　　万円

1ヶ月あたりの支出　　　　　　　万円

生活防衛費（6ヶ月分）　　　　　万円

## ざっくりライフプランシート②　バランスシート

| 資　産 | | 負　債 | |
|---|---|---|---|
| 現預金（普通・定期預金、財形貯蓄など） | 万円 | 住宅ローン | 万円 |
| 貯蓄型の保険<br>（学資保険、定期介護保険など） | 万円 | 自動車ローン | 万円 |
| 株式 | 万円 | カードローン | 万円 |
| 債券 | 万円 | 奨学金 | 万円 |
| 投資信託・ETF<br>（企業型DCなども含む） | 万円 | その他 | 万円 |
| 住宅（現在の市場価格） | 万円 | | |
| その他（ゴールド、投資用不動産など） | 万円 | | |

資産合計　A　　　　　　　　　　　万円　　　　負債合計　B　　　　万円

資産合計 A －負債合計 B ＝ 純資産　　　　万円

住宅を除く資産　　　　　　　　　万円

現預金　　　　　　　　　　　　　万円

生活防衛費（6ヶ月分）　　　　　　万円

## ざっくりライフプランシート③　ライフプラン表

| 年 | 2023 | 2024 | 2025 | 2026 | 2027 | 2028 | 2029 | 2030 | 2052 | 2053 | 調整 | 合計 | 老後のシミュレーション |
|---|---|---|---|---|---|---|---|---|---|---|---|---|---|
| (　)の年齢 | 0 | 1 | 2 | 3 | 4 | 5 | 6 | 7 | 29 | 30 | | | 公的年金:○万円/年 |
| (　)の年齢 | 0 | 1 | 2 | 3 | 4 | 5 | 6 | 7 | 29 | 30 | | | 生活費:　○万円/年 |
| (　)の年齢 | 0 | 1 | 2 | 3 | 4 | 5 | 6 | 7 | 29 | 30 | | | - - - - - - - - - - - - - - - - |
| (　)の年齢 | 0 | 1 | 2 | 3 | 4 | 5 | 6 | 7 | 29 | 30 | | | 年間赤字　○万円 |
| (　)の年齢 | 0 | 1 | 2 | 3 | 4 | 5 | 6 | 7 | 29 | 30 | | | 65～95歳に必要な老後 |
| ライフ<br>イベント | | | | | | | | | | | | | 資金:○万円<br>その他自由に使える費<br>用:○万円<br>→希望○万円に対し○<br>万円多い・不足<br><br>対策<br>①<br>②<br>③ |
| A:イベント<br>費用 | | | | | | | | | | | | | |
| B:収入の<br>増減 | | | | | | | | | | | | | 老後に使える資金 |
| C:貯金残高<br>(前年の貯<br>金残高+D) | | | | | | | | | | | | | |
| D:毎年の<br>貯蓄額(現<br>在の年間貯<br>蓄額+B) | | | | | | | | | | | | | |

**千葉県松戸市在住、4人家族Aさんの場合**

**夫** 42歳、年収600万円（手取り460万円）

**妻** 39歳、年収100万円（扶養内のパート、手取り100万円）

**長男** 6歳（公立小学1年生）

**長女** 3歳（公立保育園）

戸建てマイホームあり、自家用車あり

（長女が小学生になったら、妻は59歳まで年収＋100万円で働く予定）

## 資産・負債の状況

- 現在貯蓄額：**1,200万円**
- 投資信託（企業型DC）：**300万円**（会社が毎月2万円を拠出）
- 貯蓄型保険（学資保険）：**300万円**
- 住宅ローン：ローン残高 **2,800万円**

（5年前に新築戸建てを4,000万円で購入、頭金700万、ローン3,300万円、固定金利1.5%、30年借入、67歳で完済予定）

## 老後資金の見込

- 退職金見込額：夫 **1,000万円**（65歳）、妻 **なし**
- 年金見込額：夫 **180万円**、妻 **100万円**

## 老後の希望

- 将来もこの家に住みたい
- 年間生活費は **360万円**（月30万円）
- 生活費以外に使いたいお金 **2,000万円** は、旅行や介護費に あてたい

（老後のシミュレーションをするために、Aさんは24年間のライフプランを作っています）

　ざっくりライフプランシート①損益計算書を記入して、1年間の収入と支出を把握しましょう。

　まずは「収入（手取り）」を入力します。
　Aさんの場合は、夫の手取り460万円、妻の手取り100万円なので、給与収入は560万円になります。

　次に「その他の収入」を記入します。
　副業や不動産賃料などの副収入はここに記入しましょう。
　児童手当を受け取っている人は「その他の収入」に入れておきます。
　Aさんの場合は、子ども2名分の児童手当が毎月2万円なので24万円、収益合計は584万円になります。

　なお、児童手当の支給は子どもが中学校を卒業するまでです。
　厳密にいうと、それ以降は貯金残高から児童手当分を差し引きます。
　しかし計算が複雑になるため、ここでは夫の給料が児童手当の分増える前提でライフプランを作っていきます。

| 費用 | | |
|---|---|---|
| 基本生活費 | (食費、水道光熱費、通信費、日用品など) | 250万円 |
| 住居関連費 | (家賃、住宅ローン、管理費、固定資産税など) | 150万円 |
| 車両費 | (駐車場代、ガソリン代、自動車税など) | 20万円 |
| 教育費 | (学校教育費、塾、習い事など) | 52万円 |
| 保険料 | (家族全員の生命保険、医療保険など) | 15万円 |
| その他の支出 | (レジャー費、交際費など) | 25万円 |
| 利益<br>(貯蓄＝余剰金) | (収入－総支出) | 72万円 |

| 収入（手取り） | |
|---|---|
| 給与収入 | 560万円 |
| その他の収入<br>(児童手当、副業、不動産賃料など) | 24万円 |

次に「費用」の表を埋めます。

家計簿をつけていない人は少し戸惑うかもしれませんが、まずは家賃や住宅ローン、保険料など、通帳を見ればすぐに分かるものから埋めましょう。

幼稚園・保育園は無償化による補助があるため、教育費には自己負担額を入力してください。

すべての費用を入力すると「1年間の利益（貯蓄＝余剰金）」が算出されます。この数字を「現在の貯金残高－1年前の貯金残高」と比較してみてください。

ほぼ同じであれば損益計算書のできあがりです。

Aさんの場合は72万円を毎年貯蓄できていることになります。

もし「1年間の利益」が貯金残高の推移と大きく数字がずれている場合、出費を正しく把握できていないことになります。

その場合は差額を「その他の支出」に入れて、使途不明金の調査をし

ましょう。

たとえば、「1年間の利益」が200万円と算出されたのに、昨年から150万円しか貯金が増えていない場合は、差額の50万円が使途不明金です。
「その他の支出」に50万円を計上すると、実態に合った損益計算書ができあがります。

ちなみに、「ざっくり」とはいえ、この使途不明金は放置しないでくださいね！
ライフプランに悪影響を及ぼすので、これを機に何に使ったのか調べてみましょう。
どうしても分からなければ、3ヶ月間家計簿をつけて分析しましょう。

### ステップ ❷ バランスシートを記入して資産・負債の状況を明確にする

ざっくりライフプランシート②バランスシートを記入して、資産・負債の状況を明確にします。
まず右側の表「負債」に住宅ローンや自動車ローン、奨学金などを入力します。
Aさんの場合は住宅ローン残高2,800万円です。

次に、左側の表「資産」に預貯金などを入力します。
貯蓄型保険は、満期時の受取金額を入力します。受取金額が変動する保険は、今解約したらいくらもらえるのか「解約返戻金」を入力します。株式、債券、投資信託などの金融商品は直近の時価を入力しましょう。

持ち家の場合は、おおよその市場価格を入力します。

Aさんの場合は「千葉県松戸市　中古一戸建て」で検索し、建物面積100m²の築5年の相場価格、3,750万円を入力しました。

　マンションの場合は、マンション名を入れるとAI査定額が出るサイトもあります。確認してみましょう。

| 資　産 | | 負　債 | |
|---|---|---|---|
| 現預金（普通・定期預金、財形貯蓄など） | 1,200万円 | 住宅ローン | 2,800万円 |
| 貯蓄型の保険<br>（学資保険、定期介護保険など） | 300万円 | 自動車ローン | 0万円 |
| 株式 | 0万円 | カードローン | 0万円 |
| 債券 | 0万円 | 奨学金 | 0万円 |
| 投資信託・ETF<br>（企業型DCなども含む） | 300万円 | その他 | 0万円 |
| 住宅（現在の市場価格） | 3,750万円 | | |
| その他（ゴールド、投資用不動産など） | 0万円 | | |

資産合計　A　　　　　　　5,550万円　　　　負債合計　B　2,800万円

資産合計 A－負債合計 B＝ 純資産　2,750万円

住宅を除く資産　　　　　　1,800万円

現預金　　　　　　　　　　1,200万円

生活防衛費(6ヶ月分)　　　　256万円

　つまり、Aさんは資産5,550万円、負債2,800万円、純資産は2,750万円となります。

　住宅を除く資産は1,800万円、現預金だけでも1,200万円です。

　緊急時に必要な生活防衛資金は、生活費6ヶ月分の256万円なので、十分貯蓄で用意できていることになります。

**ステップ ❸** **ライフプラン表を記入する**

　P208の「ライフイベントと費用の目安」を見ながら、ざっくりライフプランシート③ライフプラン表を記入します。

今後20年のライフプランをざっくり知りましょう。

　まずは2023年の欄に家族全員の年齢を入力します。「貯金残高」と「毎年の貯蓄額」は、エクセルシートを使うと、入力した損益計算書とバランスシートから自動計算されます。

　なお、老後までのライフプランをざっくりと知ることを目的としているため、以下の条件で計算しています。

- 物価上昇や運用利回りは考慮しない
- イベント費用は毎年の貯蓄残高ではなく、合計欄の貯蓄残高から差し引く
- 貯金残高は、合計欄の金額のみ参考にする（各年の残高からイベント費用を差し引いていないため）

| 年 | 2023 |
|---|---|
| (夫)の年齢 | 42 |
| (妻)の年齢 | 39 |
| (長男)の年齢 | 6 |
| (長女)の年齢 | 3 |
| (　)の年齢 | |
| ライフイベント | |
| A:イベント費用 | |
| B:収入の増減 | |
| C:貯金残高(前年の貯金残高+D) | 1,200 |
| D:毎年の貯蓄額(現在の年間貯蓄額+B) | 72 |

　次にライフイベントを記入していきましょう。

　人生3大支出である「教育費、マイホーム購入、老後資金」を中心に入力していきます。

　Aさんは、ライフイベント欄に子どもの教育費、車の買い替え、家のリフォームを入力しました。


　次に、将来の収入増減が明確に分かる場合は、収入の増減の欄に入力します。

　Aさんの妻は、2026年から2043年までパート収入増+100万円を目指します。

　それ以降はパートを辞めるので、収入は現在より100万円減少。

　したがって収入の増減に「－100万円」と入力します。

　2035年と2038年には子どもの学資保険を150万円ずつ受け取りま

す。

　2046年には夫が65歳で定年退職、1,000万円の定年退職金を受け取る予定です。


　もし定年以降に収入（定期介護保険、個人年金保険、家賃収入など）がある場合は、収入の増減の調整欄に入力しましょう。

　公的年金は、後ほど老後のシミュレーションで計算しますので、ここでは入力しなくてOKです。

　ちなみにAさんは、該当する収入がないので、記入していません。


　貯金残高は自動計算されているため、毎年「現在の教育費52万円」がかかる前提で作っています。

　一方、ライフイベントには将来の教育費を計上しています。

　なお、これでは、現在の教育費と将来の教育費が二重計上となるため、最後に調整します。

| 年 | 2023 | 2024 | 2025 | 2026 | 2027 | 2028 | 2029 | 2030 | 2031 | 2032 | 2033 | 2034 | 2035 | 2036 | 2037 | 2038 | 2039 | 2040 | 2041 | 2042 | 2043 | 2044 | 2045 | 2046 | 調整 | 合計 |
|---|---|---|---|---|---|---|---|---|---|---|---|---|---|---|---|---|---|---|---|---|---|---|---|---|---|---|
| (夫)の年齢 | 42 | 43 | 44 | 45 | 46 | 47 | 48 | 49 | 50 | 51 | 52 | 53 | 54 | 55 | 56 | 57 | 58 | 59 | 60 | 61 | 62 | 63 | 64 | 65 | | |
| (妻)の年齢 | 39 | 40 | 41 | 42 | 43 | 44 | 45 | 46 | 47 | 48 | 49 | 50 | 51 | 52 | 53 | 54 | 55 | 56 | 57 | 58 | 59 | 60 | 61 | 62 | | |
| (長男)の年齢 | 6 | 7 | 8 | 9 | 10 | 11 | 12 | 13 | 14 | 15 | 16 | 17 | 18 | 19 | 20 | 21 | 22 | 23 | 24 | 25 | 26 | 27 | 28 | 29 | | |
| (長女)の年齢 | 3 | 4 | 5 | 6 | 7 | 8 | 9 | 10 | 11 | 12 | 13 | 14 | 15 | 16 | 17 | 18 | 19 | 20 | 21 | 22 | 23 | 24 | 25 | 26 | | |
| ( )の年齢 | | | | | | | | | | | | | | | | | | | | | | | | | | |
| ライフイベント | | | | 長女公立小学入学6年間212万 妻パート収入+100万 | | 家のリフォーム30万 | 長男公立中学入学3年間162万 | 車の買い替え300万 | | 長男公立高校入学3年間154万 長女公立中学入学3年間162万 | | | 長男私大文系入学4年間667万 長女公立高校入学3年間154万 学資保険+150万 | | | 長女国立大文系入学4年間479万 学資保険+150万 | 長男大学卒業 | | 車の買い替え300万 | 長女大学卒業 | 家のリフォーム100万 | 妻パート終了(現在より100万減) | 夫定年退職金1,000万 | 教育費:2026~2028年間▲17万 以降18年間▲52万 | | |
| A:イベント費用 | | | | 212 | | 30 | 162 | 300 | | 316 | | | 821 | | | 479 | | | 300 | | 100 | | | | -987 | 1,733 |
| B:収入の増減 | | | | 100 | 100 | 100 | 100 | 100 | 100 | 100 | 100 | 100 | 250 | 100 | 100 | 250 | 100 | 100 | 100 | 100 | 100 | -100 | -100 | 900 | | 2,800 |
| C:貯金残高(前年の貯金残高+D) | 1,200 | 1,272 | 1,344 | 1,517 | 1,689 | 1,861 | 2,033 | 2,205 | 2,378 | 2,550 | 2,722 | 2,894 | 3,216 | 3,389 | 3,561 | 3,883 | 4,055 | 4,227 | 4,400 | 4,572 | 4,744 | 4,716 | 4,688 | 5,661 | | 3,928 |
| D:毎年の貯蓄額(現在の年間貯蓄額+B) | 72 | 72 | 72 | 172 | 172 | 172 | 172 | 172 | 172 | 172 | 172 | 172 | 322 | 172 | 172 | 322 | 172 | 172 | 172 | 172 | 172 | -28 | -28 | 972 | | 4,533 |

第4章 お金の価値観ワーク

Aさんの場合、教育費は2026～2028年の3年間×17万円（現在かかっている長女の保育園費）、それ以降の18年間×52万円（現在かかっている子ども2人分の教育費）、合計987万円の二重計上を調整しました。

　その結果、老後に使える貯金は以下の通りとなりました。

5,661万円（貯金残高）－1,733万円（イベント費用合計）
　＝3,928万円（老後に使える貯金）

　ここまで算出できたら、最後に老後のシミュレーションを行いましょう。

| 老後のシミュレーション |
| --- |
| 公的年金：280万円/年<br>生活費：　360万円/年 |
| 年間赤字　80万円<br><br>66～95歳に必要な老後資金：2,400万円<br>その他自由に使える費用：1,528万円<br>⇒希望2,000万円に対し472万円不足<br><br>下記の対策を検討する<br>①妻の収入と年金額を増やす<br>②住宅ローン完済後の67歳以降、生活費を減らす<br>③投資信託などで資産を増やす |
| 老後に使える資金 |
| 3,928万円 |

　Aさんの場合、公的年金で賄えない生活費は年間80万円です。
　したがって66～95歳（30年間）に必要な老後資金は2,400万円となります。

用意している老後資金は3,928万円なので、その他自由に使えるお金は1,528万円（3,928万円－2,400万円）です。

　生活費以外に使いたい老後資金2,000万円に対し、約472万円不足していることになります。
　夫が企業型DCで保有している300万円の投資信託を考慮しても、172万円足りません。

　しかし、焦らなくても大丈夫です。
　不足分の対策として、以下の方法を考えてみましょう。

　妻がフルタイムで働くことで、収入と年金額を増やす
　住宅ローン完済後の67歳以降、生活費を減らせるか考える
　投資信託などで資産運用をする。定年までの23年間、企業型DCで投資信託の積立投資を継続・運用する

　老後の資金が足りないとなると、「どうにかしなきゃ！」と思ってしまう方もいるかもしれませんが、ここは一旦落ち着きましょう。
　自分のお金の価値観に基づいた選択ができるよう、ステップ④までやってみてくださいね。

**ステップ④　お金に関する年間目標を立てる**
　最後に、この先1年間の年間目標を立てます。
　ステップ3で課題と対策が見えてきたので、無理のない範囲内で目標設定をしましょう。

　ポイントは、まず1年後の目標を先に立てて、そのためには6ヶ月後、3ヶ月後にどんな状態にすればよいかを考えるということです。

逆算して目標設定することで、より明確な行動計画が立てられます。

Aさんは次のような年間目標を立てました。

| 1年後の状態 | |
|---|---|
| 妻 | ○長女の小学校入学後の働き方について明確になっている<br>○収入を上げるための学びを始めている |
| 夫 | ○つみたてNISAで資産運用を始めている |
| 6ヶ月後の状態 | |
| 妻 | ○パート、フルタイムそれぞれの収入、ライフスタイルが明確になっている<br>○リスキリングしたい分野が決まっている |
| 夫 | ○自分に最適な資産運用が分かり、企業型DCの資産配分を見直している |
| 3ヶ月後の状態 | |
| 妻 | ○自分の得意なこと、やりたいこと、社会が求めるスキルが明確になっている |
| 夫 | ○より豊かな老後のために、お金の勉強を始めている |

これでライフプランの完成です！
モデルケース②以降はポイントを解説していきます。

**モデルケース 2**

## 愛知県名古屋市在住、5人家族のBさんの場合

夫　46歳、年収700万円（手取り520万円）

妻　46歳、年収400万円（手取り310万円）

長男　大学生　18歳（私大理系1年生）

長女　高校生　16歳（公立高校2年生）

次男　中学生　12歳（公立中学1年生）

マイホーム（中古マンション）あり、自家用車あり

### 資産・負債の状況

- 現在貯蓄額：1,300万円
- 住宅ローン：ローン残高1,570万円

（10年前に築10年の中古マンションを2,500万円で購入、頭金300万円、ローン2,200万円、固定金利1.5%、30年借入、66歳で完済予定）

- 自動車ローン：ローン残高100万円

### 老後資金の見込

- 退職金見込額：夫1,000万円（65歳）、妻400万円
- 年金見込額：夫210万円、妻130万円

### 老後の希望

- 夫の地元宮崎で田舎暮らしをしたい
- 年間生活費は360万円（月30万円）
- 生活費以外に使いたいお金2,000万円は、旅行や介護費に
  あてたい

## ステップ ❶ 損益計算書を記入

| 費　用 | | |
|---|---|---|
| 基本生活費 | （食費、水道光熱費、通信費、日用品など） | 280万円 |
| 住居関連費 | （家賃、住宅ローン、管理費、固定資産税など） | 125万円 |
| 車両費 | （駐車場代、ガソリン代、自動車税など） | 25万円 |
| 教育費 | （学校教育費、塾、習い事など） | 300万円 |
| 保険料 | （家族全員の生命保険、医療保険など） | 20万円 |
| その他の支出 | （レジャー費、交際費など） | 30万円 |
| 利益（貯蓄＝余剰金） | （収入ー総支出） | 50万円 |

| 収入（手取り） | |
|---|---|
| 給与収入 | 830万円 |
| その他の収入（児童手当、副業、不動産賃料など） | 0万円 |

費用合計　A　　　830万円

収益合計　B　　830万円

1ヶ月あたりの支出　　　65万円

生活防衛費（6ヶ月分）　　390万円

| 資　産 | |
|---|---|
| 現預金（普通・定期預金、財形貯蓄など） | 1,300万円 |
| 貯蓄型の保険<br>（学資保険、定期介護保険など） | 0万円 |
| 株式 | 0万円 |
| 債券 | 0万円 |
| 投資信託・ETF<br>（企業型DCなども含む） | 0万円 |
| 住宅（現在の市場価格） | 2,200万円 |
| その他（ゴールド、投資用不動産など） | 0万円 |

| 負　債 | |
|---|---|
| 住宅ローン | 1,570万円 |
| 自動車ローン | 100万円 |
| カードローン | 0万円 |
| 奨学金 | 0万円 |
| その他 | 0万円 |

資産合計　A　　　3,500万円　　　　負債合計　B　1,670万円

資産合計 A－負債合計 B＝ 純資産　1,830万円

住宅を除く資産　　　1,300万円

現預金　　　1,300万円

生活防衛費（6ヶ月分）　　　390万円

**ステップ ❸　ライフプラン表を記入する**

| 年 | 2023 | 2024 | 2025 | 2026 | 2027 | 2028 | 2029 | 2030 | 2031 | 2032 |
|---|---|---|---|---|---|---|---|---|---|---|
| (夫)の年齢 | 46 | 47 | 48 | 49 | 50 | 51 | 52 | 53 | 54 | 55 |
| (妻)の年齢 | 46 | 47 | 48 | 49 | 50 | 51 | 52 | 53 | 54 | 55 |
| (長男)の年齢 | 18 | 19 | 20 | 21 | 22 | 23 | 24 | 25 | 26 | 27 |
| (長女)の年齢 | 16 | 17 | 18 | 19 | 20 | 21 | 22 | 23 | 24 | 25 |
| (次男)の年齢 | 12 | 13 | 14 | 15 | 16 | 17 | 18 | 19 | 20 | 21 |
| ライフイベント | | | 長女国立大文系入学4年間479万 | 次男公立高校入学3年間154万 | 長男大学卒業 | 家のリフォーム100万 | 長女大学卒業　次男私大文系入学4年間(下宿)967万 | | | |
| A:イベント費用 | | | 479 | 154 | | 100 | 967 | | | |
| B:収入の増減 | | | | | | | | | | |
| C:貯金残高(前年の貯金残高+D) | 1,300 | 1,350 | 1,401 | 1,451 | 1,502 | 1,552 | 1,602 | 1,653 | 1,703 | 1,754 |
| D:毎年の貯蓄額(現在の年間貯蓄額+B) | 50 | 50 | 50 | 50 | 50 | 50 | 50 | 50 | 50 | 50 |

| 2033 | 2034 | 2035 | 2036 | 2037 | 2038 | 2039 | 2040 | 2041 | 2042 | 調整 | 合計 |
|---|---|---|---|---|---|---|---|---|---|---|---|
| 56 | 57 | 58 | 59 | 60 | 61 | 62 | 63 | 64 | 65 | | |
| 56 | 57 | 58 | 59 | 60 | 61 | 62 | 63 | 64 | 65 | | |
| 28 | 29 | 30 | 31 | 32 | 33 | 34 | 35 | 36 | 37 | | |
| 26 | 27 | 28 | 29 | 30 | 31 | 32 | 33 | 34 | 35 | | |
| 22 | 23 | 24 | 25 | 26 | 27 | 28 | 29 | 30 | 31 | | |
| 次男大学卒業 | 車の買い替え300万 | | | 妻退職金400万 | 家のリフォーム150万　妻の収入が現在より310万減 | | | | 夫定年退職金1,000万　車の買い替え300万 | 教育費:2025年▲51万 2026年▲105万 2027年以降16年▲300万 | |
| | 300 | | | | 150 | | | | 300 | -4,956 | -2,506 |
| | | | | 400 | -310 | -310 | -310 | -310 | 690 | | -150 |
| 1,804 | 1,854 | 1,905 | 1,955 | 2,406 | 2,146 | 1,886 | 1,627 | 1,367 | 2,108 | | 4,614 |
| 50 | 50 | 50 | 50 | 450 | -260 | -260 | -260 | -260 | 740 | | 858 |

### Bさんの老後シミュレーション

　Bさんの場合は、共働きで夫婦とも退職金制度があり、公的年金もある程度の金額が見込めます。

　そのため生活費以外に使いたい老後資金2,000万円に対し、4,014万円と十分な資金を準備できるでしょう。

　ただ注意したいのが、ライフプランに反映されていない「住まいに関する費用」です。

　それは、1つ目が現在のマンションの建て替え、2つ目が移住希望先の宮崎での住まいです。

| 老後のシミュレーション |
| --- |
| 公的年金：340万円/年<br>生活費：　360万円/年<br>-------------------------------------------------------------------------------<br>年間赤字　20万円<br><br>66〜95歳に必要な老後資金：600万円<br>その他自由に使える費用：4,014万円<br>⇒希望2,000万円に対し十分ある<br><br>ただし、住まいに大きな費用がかかる可能性あり<br>①マンションが築20年。築30〜40年で建替えの可能性あり<br>②移住先の宮崎では家を購入？　賃貸？ |
| 老後に使える資金 |
| 4,614万円 |

### ①現在のマンションの大規模修繕による「修繕積立金」の上昇

　一般的にマンションは12〜16年周期で大規模修繕をします。

　あらかじめ立てられた大規模修繕計画の予算内に収まらない場合、修繕積立金が上がる可能性があります。

平均的な負担額は一戸あたり75〜125万程度です。

一括で請求されるのではなく、修繕積立金として毎月徴収されます。

ライフプランには、専有部分（部屋の中）のリフォームを計上していますが、それ以外にも追加で修繕積立金がかかる可能性を考慮しましょう。

## ②マンション建替えの可能性

現在のマンションは築20年です。築30〜40年になると、建替えの可能性が出てきます。

物件により異なりますが、建替えには1,000万円程度の自己負担額が必要だといわれています。

さらに建替え時と完成時の引越し費用2回分、仮住まいの家賃も入れると総額1,400万円くらいは見積もっておきましょう。

さらにBさんの場合は、夫の地元宮崎での住まいをどうするのか、具体的に決まっていません。

**1** **新たに家を購入**

**2** **賃貸**

**3** **実家に住む**

など、ケースによって老後の住宅費が大きく変わってきます。

**1**の場合、65歳以上だと住宅ローンを組めないこともあります。

**1**を希望する場合は、宮崎での住宅購入費用が、預貯金と現在の自宅売却でまかなえるか、**2**であれば一生家賃を払っていけるのか、**3**はリフォームや建替えはどうするのかなど、ケースごとにざっくりシミュレーションしておくといいですね。

**ステップ❹** **お金に関する年間目標を立てる**

　さまざまなシミュレーションを踏まえ、Bさんは次のような年間目標を立てました。

| 1年後の状態 |
| --- |
| ○移住先の住まいをどうするか明確になっている<br>○マンションの大規模修繕と建替えに備えて、つみたてNISAを始めている |
| **6ヶ月後の状態** |
| ○宮崎の住宅相場についてリサーチしている<br>○実家を譲り受けられるか、両親や兄弟と話し合っている<br>○大規模修繕と建替え計画についてマンション組合と話し合っている<br>○自分の最適な資産運用について勉強を始めている |
| **3ヶ月後の状態** |
| ○移住先でどんな暮らしがしたいか明確になっている<br>○マンションの大規模修繕や建替えについてリサーチしている |

　Bさんの場合は、老後をどのように考えるかが大きなポイントです。

　今の暮らし、老後資金に余裕があるといっても、具体的に考えてみると、思わぬところにハードルがあることも。

　お金の価値観と照らし合わせながら、どのような将来が最も自分の望む未来を実現できるのか、じっくり考えていけるといいですね！

モデル
ケース
3 東京都渋谷区在住、DINKSのCさんの場合

夫　49歳、年収 800 万円（手取り 590 万円）
妻　50歳、年収 600 万円（手取り 460 万円）
マイホーム（新築マンション）あり、自家用車なし

（妻は60歳で退職予定。夫は60歳以降の収入が今の3分の2に減少する予定）

## 61～65歳の予想年収

夫　年収 530 万円（手取り 410 万円）

## 資産・負債の状況

- 現在貯蓄額：1,200万円
- 住宅ローン：ローン残高 3,220万円

（10年前に新築マンションを6,000万円で購入、頭金1,500万円、ローン4,500万円、固定金利1.5%、30年借入、69歳で完済予定。65歳時点でのローン残高720万円）

## 老後資金の見込

- 退職金見込額：夫 1,000万円（65歳）、妻 400万円（60歳）
- 年金見込額：夫 230万円、妻 150万円

## 老後の希望

- 妻の地元山梨に帰りたいと考えている
- 年間生活費は420万円（月35万円）
- 生活費以外に使いたいお金2,000万円は、旅行や介護費にあてたい

**ステップ❶** 損益計算書を記入

| 費　用 | | |
|---|---|---|
| 基本生活費 | （食費、水道光熱費、通信費、日用品など） | 240万円 |
| 住居関連費 | （家賃、住宅ローン、管理費、固定資産税など） | 236万円 |
| 車両費 | （駐車場代、ガソリン代、自動車税など） | 0万円 |
| 教育費 | （学校教育費、塾、習い事など） | 0万円 |
| 保険料 | （家族全員の生命保険、医療保険など） | 12万円 |
| その他の支出 | （レジャー費、交際費など） | 72万円 |
| 利益<br>（貯蓄＝余剰金） | （収入ー総支出） | 490万円 |

| 収入（手取り） | |
|---|---|
| 給与収入 | 1,050万円 |
| その他の収入<br>（児童手当、副業、不動産賃料など） | 0万円 |

費用合計　A　　　　　　　1,050万円

収益合計　B　　1,050万円

1ヶ月あたりの支出　　　　47万円

生活防衛費（6ヶ月分）　　280万円

**ステップ❷** バランスシートを記入

| 資　産 | | 負　債 | |
|---|---|---|---|
| 現預金（普通・定期預金、財形貯蓄など） | 1,200万円 | 住宅ローン | 3,220万円 |
| 貯蓄型の保険<br>（学資保険、定期介護保険など） | 0万円 | 自動車ローン | 0万円 |
| 株式 | 0万円 | カードローン | 0万円 |
| 債券 | 0万円 | 奨学金 | 0万円 |
| 投資信託・ETF<br>（企業型DCなども含む） | 0万円 | その他 | 0万円 |
| 住宅（現在の市場価格） | 7,500万円 | | |
| その他（ゴールド、投資用不動産など） | 0万円 | | |

資産合計　A　　8,700万円　　　負債合計　B　　3,220万円

資産合計 A−負債合計 B＝ 純資産　　5,480万円

住宅を除く資産　　1,200万円

現預金　　1,200万円

生活防衛費（6ヶ月分）　　280万円

**ステップ ❸　ライフプラン表を記入する**

| 年 | 2023 | 2024 | 2025 | 2026 | 2027 | 2028 | 2029 | 2030 | 2031 | 2032 | 2033 | 2034 | 2035 | 2036 | 2037 | 2038 | 2039 | 調整 | 合計 |
|---|---|---|---|---|---|---|---|---|---|---|---|---|---|---|---|---|---|---|---|
| (夫)の年齢 | 49 | 50 | 51 | 52 | 53 | 54 | 55 | 56 | 57 | 58 | 59 | 60 | 61 | 62 | 63 | 64 | 65 | | |
| (妻)の年齢 | 50 | 51 | 52 | 53 | 54 | 55 | 56 | 57 | 58 | 59 | 60 | 61 | 62 | 63 | 64 | 65 | 66 | | |
| (　)の年齢 | | | | | | | | | | | | | | | | | | | |
| (　)の年齢 | | | | | | | | | | | | | | | | | | | |
| (　)の年齢 | | | | | | | | | | | | | | | | | | | |
| ライフイベント | | 家のリフォーム100万 | | | | | | | | 家のリフォーム200万 | 妻退職金400万 | 妻の収入▲460万 | 夫の収入▲180万 | | | | 夫退職金1,000万　山梨に戸建購入3,000万　車購入300万 | | |
| A:イベント費用 | | 100 | | | | | | | | 200 | | | | | | | 3,300 | | 3,600 |
| B:収入の増減 | | | | | | | | | | | 400 | -460 | -640 | -640 | -640 | -640 | 360 | | -2,260 |
| C:貯金残高(前年の貯金残高+D) | 1,200 | 1,690 | 2,180 | 2,670 | 3,160 | 3,650 | 4,140 | 4,630 | 5,120 | 5,610 | 6,500 | 6,530 | 6,380 | 6,230 | 6,080 | 5,930 | 6,780 | | 3,180 |
| D:毎年の貯蓄額(現在の年間貯蓄額+B) | 490 | 490 | 490 | 490 | 490 | 490 | 490 | 490 | 490 | 490 | 890 | 30 | -150 | -150 | -150 | -150 | 850 | | 6,070 |

## Cさんの老後シミュレーション

　Cさんの場合も、Bさんと同様共働きで夫婦とも退職金制度があり、公的年金もある程度の金額が見込めます。

　移住先の山梨で戸建と自家用車を購入したとしても、生活費以外に使いたい老後資金2,000万円を希望通り準備できるでしょう。

　ただ注意したい点が2つあります。

　1つ目が妻の退職後の生活費、2つ目は移住に伴い、現在のマンションをどうするのかという点です。

　Cさんは夫婦ともにバリバリ働くDINKS。

　子どもの教育費はかかりませんが、それぞれ外食や交際費がかさんでいるのが特徴です。

---

| 老後のシミュレーション |
| --- |
| 公的年金：380万円/年<br>生活費：　420万円/年 |
| 年間赤字　40万円 |
| 66～95歳に必要な老後資金：1,200万円<br>その他自由に使える費用：1,980万円<br>⇒ほぼ希望通り2,000万円を確保できる<br><br>ただし以下の点に留意<br>① 妻の退職までに生活費を減らす努力<br>② 現在のマンションを売却？　賃貸？ |
| 老後に使える資金 |
| 3,180万円 |

注意したいのは、妻の退職と夫の収入減少が重なる2034〜2035年です。世帯収入が半分以下になるため、今の生活水準を維持すると毎年150万円の赤字になります。

　十分な貯蓄があっても、貯蓄残高が減るのは心細いもの。
　妻の退職までには、少しずつ生活費を減らす努力をしましょう。

　たとえば、自炊を増やして外食を減らす、交際費などを吟味するなどの工夫をするとよいでしょう。
　徐々に支出を整えると、山梨に移住した後もストレスなく予算内の毎月35万円で暮らしやすくなります。

　また、Cさんは、山梨移住後に現在のマンションを売却するか、賃貸に出すか決めていません。
　65歳時点でのローン残高720万円。都内渋谷区で立地がよいため、おそらく築26年でもローン残高以上の価格で売却できるでしょう。
　賃貸に出す場合は、以下を考慮して綿密なシミュレーションをする必要があります。

▨ コスト
　固定資産税、管理委託料、火災・地震保険、大規模修繕費用、原状回復費
▨ リスク
　空室リスク、建替えリスクなど。空室だと、家賃収入がない状態でローンを支払わなければならない
▨ その他注意事項
　住宅ローンから投資物件用のローンへの借り換え。金利条件によっては、月々の支払いが5万円以上増える場合もある

自宅を賃貸に出して家賃収入を得るのは、老後の収入としてよいアイデアです。

　しかしながら、不動産投資の隠れたリスクやコストにも十分注意を払いながら老後に備えていくことがポイントになります。

### ステップ❹　お金に関する年間目標を立てる

　最終的に、Cさんは次のような年間目標を立てました。

| 1年後の状態 |
|---|
| ○妻の退職後の生活を具体的にイメージできるようになっている<br>○移住後に現在のマンションをどうするか明確になっている |
| **6ヶ月後の状態** |
| ○生活費の見直しができている<br>○資産運用や不動産投資について勉強を始めている |
| **3ヶ月後の状態** |
| ○家計簿をつけ始めている<br>○自宅の賃貸相場マンションについてリサーチしている |

　共働きで子どもがいない場合、ライフプランを考えなくても直近の生活では十分豊かに暮らしていけることもあるでしょう。

　しかし、その分浪費をしてしまいがちという落とし穴もあります。

　ライフプランで自分たちの将来を見据え、無理なく方向修正していけると、より豊かな人生を実現することができますよ。

**モデルケース4** 神奈川県横浜市在住、独身女性のDさんの場合

39歳女性、年収600万円（手取り460万円）
賃貸（家賃8万円＋管理費8,000円／月）、自家用車なし

## 資産・負債の状況

- 現在貯蓄額：**750万円**
- 貯蓄型保険：**1,000万円**（60歳から10年間、毎年100万円受取）

## 老後資金の見込

- 退職金見込額：**800万円**（60歳の予定）
- 年金見込額：**150万円**

## 老後の希望

- できれば結婚したい。45歳までに結婚できなかったら、横浜の実家に移り住むかも
- 退職したら、ご褒美にちょっと豪華な海外旅行に出かけたい
- 実家をシェアハウスにして、独身の女友達と横浜ライフを楽しみたい
- 年間生活費は240万円（月20万円）
- 生活費以外に使いたいお金1,500万円は、旅行や介護費にあてたい

第4章 お金の価値観ワーク

## ステップ ① 損益計算書を記入

| 費　用 | | |
|---|---|---|
| 基本生活費 | （食費、水道光熱費、通信費、日用品など） | 120万円 |
| 住居関連費 | （家賃、住宅ローン、管理費、固定資産税など） | 106万円 |
| 車両費 | （駐車場代、ガソリン代、自動車税など） | 0万円 |
| 教育費 | （学校教育費、塾、習い事など） | 0万円 |
| 保険料 | （家族全員の生命保険、医療保険など） | 20万円 |
| その他の支出 | （レジャー費、交際費など） | 60万円 |
| 利益（貯蓄＝余剰金） | （収入－総支出） | 154万円 |

| 収入（手取り） | |
|---|---|
| 給与収入 | 460万円 |
| その他の収入（児童手当、副業、不動産賃料など） | 0万円 |

費用合計　A　　　460万円

収益合計　B　　　460万円

1ヶ月あたりの支出　　25.5万円

生活防衛費（6ヶ月分）　153万円

**ステップ ❷ バランスシートを記入**

| 資　産 | |
|---|---|
| 現預金（普通・定期預金、財形貯蓄など） | 750万円 |
| 貯蓄型の保険<br>（学資保険、定期介護保険など） | 1,000万円 |
| 株式 | 0万円 |
| 債券 | 0万円 |
| 投資信託・ETF<br>（企業型DCなども含む） | 0万円 |
| 住宅（現在の市場価格） | 0万円 |
| その他（ゴールド、投資用不動産など） | 0万円 |

| 負　債 | |
|---|---|
| 住宅ローン | 0万円 |
| 自動車ローン | 0万円 |
| カードローン | 0万円 |
| 奨学金 | 0万円 |
| その他 | 0万円 |

資産合計　A　　1,750万円　　　　負債合計　B　　0万円

資産合計 A−負債合計 B＝ 純資産　1,750万円

住宅を除く資産　　1,750万円

現預金　　750万円

生活防衛費（6ヶ月分）　　153万円

| 年 | 2023 | 2024 | 2025 | 2026 | 2027 | 2028 | 2029 | 2030 | 2031 | 2032 | 2033 | 2034 | 2035 | 2036 |
|---|---|---|---|---|---|---|---|---|---|---|---|---|---|---|
| (夫)の年齢 | 39 | 40 | 41 | 42 | 43 | 44 | 45 | 46 | 47 | 48 | 49 | 50 | 51 | 52 |
| (　)の年齢 | | | | | | | | | | | | | | |
| (　)の年齢 | | | | | | | | | | | | | | |
| (　)の年齢 | | | | | | | | | | | | | | |
| (　)の年齢 | | | | | | | | | | | | | | |
| ライフ<br>イベント | | | | | | | | | | | | | | |
| A:イベント費用 | | | | | | | | | | | | | | |
| B:収入の増減 | | | | | | | | | | | | | | |
| C:貯金残高<br>(前年の貯金残高<br>+D) | 750 | 904 | 1,059 | 1,213 | 1,368 | 1,522 | 1,676 | 1,831 | 1,985 | 2,140 | 2,294 | 2,448 | 2,603 | 2,757 |
| D:毎年の貯蓄額<br>(現在の年間貯蓄額<br>+B) | 154 | 154 | 154 | 154 | 154 | 154 | 154 | 154 | 154 | 154 | 154 | 154 | 154 | 154 |

| 2037 | 2038 | 2039 | 2040 | 2041 | 2042 | 2043 | 2044 | 2045 | 2046 | 2047 | 2048 | 2049 | 調整 | 合計 |
|---|---|---|---|---|---|---|---|---|---|---|---|---|---|---|
| 53 | 54 | 55 | 56 | 57 | 58 | 59 | 60 | 61 | 62 | 63 | 64 | 65 | | |
| | | | | | | | | | | | | | | |
| | | | | | | | | | | | | | | |
| | | | | | | | | | | | | | | |
| | | | | | | | | | | | | | | |
| | | | | | | | | | 定年<br>退職金<br>800万<br><br>個人年<br>金受取<br>100万<br><br>海外旅<br>行<br>100万 | 定年後<br>収入<br>▲460万<br><br>個人年<br>金受取<br>100万 | 個人年<br>金受取<br>100万 | 個人年<br>金受取<br>100万 | 個人年<br>金受取<br>100万 | 個人年<br>金受取<br>100万 | 個人年金受取<br>100万×<br>残り4年 | |
| | | | | | | | 100 | | | | | | | 100 |
| | | | | | | | 900 | -360 | -360 | -360 | -360 | -360 | 400 | -500 |
| 2,912 | 3,066 | 3,220 | 3,375 | 3,529 | 3,684 | 3,838 | 4,892 | 4,687 | 4,481 | 4,276 | 4,070 | 3,864 | | 4,164 |
| 154 | 154 | 154 | 154 | 154 | 154 | 154 | 1,054 | -206 | -206 | -206 | -206 | -206 | | 3,269 |

## Dさんの老後シミュレーション

　Dさんは収入の割には堅実な暮らしをしています。

　とても素晴らしいことですが、もう少し楽しいライフイベントを思い描いてもよいかもしれません。

　たとえば、ここ数年で結婚相手が見つかって、海の近くに引っ越して夫と一緒にマリンスポーツを楽しむなど、楽しい妄想をしながら、もう1つのライフプランを立ててみましょう。

| 老後のシミュレーション |
| --- |
| 公的年金：150万円/年<br>生活費：　240万円/年 |
| 年間赤字　90万円 |
| 66～95歳に必要な老後資金：2,700万円<br>その他自由に使える費用：1,464万円<br>→希望1,500万円に対し約40万円不足<br><br>下記の対策を検討する<br>①副収入を考える<br>②60歳以降も働くことを考える<br>③投資信託などで資産を増やす |
| 老後に使える資金 |
| 4,164万円 |

　またDさんは結婚しない場合、実家に移り住んで、ゆくゆくは実家をシェアハウスとして友人と住むことも考えています。

　住居費の変動やリフォーム費用などをざっくりと調べておくと、見える化できて安心するでしょう。

167

老後資金については、対策しているものの、少しだけ希望額に足りない状況です。Dさんは、ビジネス・コンサルタントという高度な専門職についていますから、専門知識を活かしてコンサルティングの副業ができるかもしれません。

副業が難しいなら、無理のない範囲内で65歳まで働くことを検討してみましょう。何か突発的なライフイベントが起きても、将来にわたりもう少し余裕のある生活ができるでしょう。

Dさんはまだ30代。老後まで十分な時間があります。
毎月2万円程度でもよいので、第5章を参考にしながら積立投資を始めると、不足分を用意しやすくなるでしょう。

### ステップ❹ お金に関する年間目標を立てる
Dさんは次のような年間目標を立てました。

| 1年後の状態 |
| --- |
| ○結婚相手と楽しく過ごしているライフプランをイメージできている<br>○60〜65歳の仕事についてどうするか、明確になっている<br>○より豊かな老後のために、つみたてNISAやiDeCoで資産運用を始めている<br>○シェアハウスのリフォームについて明確になっている |
| 6ヶ月後の状態 |
| ○自信を持って婚活をしている<br>○自分のキャリアにおける強みが明確になっている<br>○自分に最適な資産運用が明確になっている |
| 3ヶ月後の状態 |
| ○本当に生きたい人生のために、自分の棚卸しをしている<br>○自分に合うメイクやファッションが見つかっている<br>○お金の勉強を始めている |

Dさんには、将来どんなライフイベントが発生するか、わからない部分がたくさんありますね。

Dさんのようなケースは特に、「楽しく将来を想像する」ことがポイント。

お金の価値観がしっかりわかっていると、将来に対して過剰に不安を抱くことなく、堅実に目標を立て、実行していくことができるでしょう。

## 老後シミュレーションの結果を見て不安になってしまったら

シミュレーションの結果、老後資金が足りないと分かると、落ち込んだり不安にかられたりするかもしれません。

価値観とは、そう簡単に手放せるものではありません。ですから、そのような自分を責めないでくださいね。

また、私自身を含め、多くの受講生たちが、ファイナンシャル・セラピーのメソッドを通じてその不安を乗り越えています。

もし不安な気持ちが湧き起こってきたら、まずは気持を落ち着かせましょう。

深呼吸をしながら、その感情を十分に認めてあげてください。

そして、そもそも「なぜライフプランを作ったのか」を思い出してみましょう。

自分の価値観に合った人生を送るために作りましたね。

お金は、その夢を叶えるためのツールです。

そのことを念頭に置いて、もう一度ワークで行った「大事にしている

お金の価値観」と「人生の輪」に戻ってみましょう。

　作成したライフプランを見て、老後に不安を抱いてしまうこともある
でしょうし、モデルケースの例を見て、「同じような状況なのに、私は
例に比べて全く資産形成できていない」と落ち込んでしまうこともある
かもしれません。

　しかし、人生は一度きりです。
　今を充実させながら、老後も安心して暮らせる。ファイナンシャル・
セラピーでお金の価値観と向き合ったあなたなら、そんなライフプラン
を模索することもできるでしょう。

　モデルケースと比較して落ち込んでしまった方は、あくまでもモデル
ケースは一例であり、あなたにとっての正解ではないことを思い出して
ください。

　もちろんこのあとには、老後資金が不足している場合の対策をご紹介
していきます。
　しかし、最も重要なのはあくまでも「自分らしいお金の価値観を大切
にすること」だということを忘れないでくださいね。


## 老後資金を増やすためのポイント

　シミュレーションの結果、老後資金が十分足りている人は、すでにお
金のよい習慣が身についているとも言えるでしょう。
　おごることなく今の習慣を続けていってください。

老後に不安がある方は、まずは「大事にしているお金の価値観」と「人生の輪」を振り返って、もう一度じっくりと今後の人生を楽しく想像してみましょう。

　気持ちが落ち着いてきたところで、次の順番で老後資金の作り方を考えていきましょう。
　健全なお金とのつき合い方をする上では、この順番を守ることがとても大切です。

1️⃣ **収入を上げる**
2️⃣ **支出を整える**
3️⃣ **運用で増やす**

　ちなみに、なぜ節約やリスクの高い投資が入っていないのかというと、不確実性が高まって資金を減らしかねないからです。

　節約でカバーしようとすると、我慢を強いられてストレスと不安が高まるでしょう。
　もし運用で大きく増やそうとすれば、リスクの高い投資に手を出してしまうかもしれません。
　そのため、本書ではシンプルに３つに絞りました。

1️⃣ **収入を上げる**

　ざっくりライフプランは、現在の収入、支出が続く前提で作っています。
　そのためお給料のアップは基本的に考慮していません。

　この本をここまで読んだあなたは、勉強熱心なはずです。収入が増えるスキルは十分に持っていますよ。悲観しすぎないようにしましょう。

万が一足りないようであれば、細く長く働く、副収入を得るなどを考えましょう。

### 2 支出を整える

　ここでいう「支出を整える」とは、1円単位を気にする節約ではありません。

　我慢を強いることで、人生の質が大きく落ちてしまうのはよくありませんよね。

　注目すべきは、支出を大きく左右する住居費や教育費などです。

　価値観を無視してまで支出をおさえる必要はありませんが、折り合いをつけられるところがないか、振り返ってみましょう。

　ちなみに、節約については、第6章で心豊かな節約ルールを紹介しています。参考にしてみてくださいね。

### 3 運用で増やす

　モデルケースでは、Aさん以外は資産運用をしていません。

　どのように「運用で増やす」のか、Aさんを例に解説しましょう。

　Aさんはシミュレーションの結果、「老後資金が472万円足りない」という厳しい結果が出ています。

　しかし、夫は勤務先が導入している企業型確定拠出年金（企業型DC）で、投資信託300万円を運用しています。

　具体的には、会社が毎月2万円を拠出、そのお金で夫が選んだ投資信託を購入・運用しています。

　仮に2046年までの23年間積立を継続すると、元本は552万円。

もし年利5%で運用できれば、1,032万円に増やせる可能性があります。

このように、月額で見ると少額であったとしても、長期運用ができれば、老後資金を大きく補える可能性が生まれます。

老後資金が足りないからと悲観せずに、対策に集中しましょう。

詳しくは、第5章で説明していきますね。

なお、資産運用のシミュレーションについては、金融庁のホームページなどでも試算することができます。

気になる方は調べてみてくださいね。

人生の主役はあなたです。お金は人生の目的ではありません。夢を叶えるためのツールだということを忘れないで下さい。

理想の人生を実現するために、楽しく目標を立て、実行していきましょう。

## ポイント

具体的な数字を目にすると一喜一憂してしまうことも。しかし、大切なのは現状や過去を嘆くことではなく、「これからどうするか」。自分らしいライフプランを作ることは、望む未来への第一歩になる。

第 **5** 章

安全に
資産運用するには

# 資産運用を始める前に

　価値観に合ったライフプランが立てられたら、資産運用を始める準備をしていきましょう。

　「投資の始め方」に関する情報はたくさんありますよね。
　しかし、安全に資産運用するための理論や考え方は、それほど浸透していません。「安全な資産運用」とは、「リスクを減らし、なるべく安全に資産運用をする」ことを指します。
　本章では、まず資産運用の心構えを説明し、後半では具体的なやり方をイメージ図で解説していきます。

## 貯金は安全で投資は危険なのか

　投資商品は現預金と違って、元本は保証されません。
　100％安全な投資方法はないということです。
　もし投資商品なのに「元本保証」と謳っていたら、それは詐欺です。

　それなら「貯金でいいや」と思った方にお伝えしたいことがあります。現在進行中のインフレ（物価高）下では、現金もリスクなのです。
　第1章でも触れましたが、物価が上がると今までとは同じ値段でものが買えなくなります。物の価値が上がり、現金の価値が下がるからです。
　たとえば、インフレ率3％が続くと、今日の100万円は10年後に74万円、20年後には55万円の価値になってしまいます。現金の目減りを防ぐためには、インフレ率を上回る利回りで運用する必要があります。

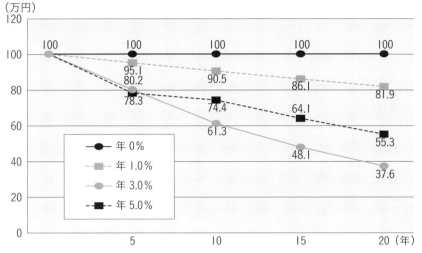

図表12　インフレ率と現金の価値の関係

（万円）

凡例：
- 年 0％
- 年 1.0％
- 年 3.0％
- 年 5.0％

　一方、金融庁の試算によると、20年間毎月同額ずつ国内外の株式・債券を買い付けて保有すると、年間2～8％の利益で運用できます。

　つまり、100万円が20年後には185万円～321万円になると試算しているのです。もちろん元本保証ではありませんし、過去のデータに基づく試算なので、毎年必ず2～8％の利益が出るわけではありません。

　このように、現金も含めて、世の中には100％安全な金融商品はありません。だからこそ、正しい知識をもとに自分で判断できるようになることが重要です。

### ポイント

　リスクを完全になくすことはできない。お金は価値観や感情と深く結びついているからこそ、不測の事態が起きた時に誤った判断をしないよう、正しい知識を身につける必要がある。

# 大事なのは
# 「どの商品が儲かるか」ではない

## 答えだけを知りたい人が陥りやすい罠

　SNSを見ていると、どの投資商品が儲かるか正解を探し求めている人が多いようです。

　なぜ正解を求めたがるのかを受講生さんに尋ねてみたところ、次のような答えが返ってきたのが印象的でした。

　「その気持ちはとても分かりますよ。私もはじめはYouTubeで検索して勉強していましたから。

　でもいろいろ調べても難しいし、断片的な情報ばかりだし、結局どうすればよいか分からなかったんですよね。

　私はちゃんと学ぼうと決心して講座を受講したけど、多くの人は、投資って『これが正解だよ』って教えてもらえれば、それでいいやと思っているんじゃないかしら？」

　このような「どれが正解かだけを知りたい人」は、ある状況に陥りやすくなります。

　それは「『答えを教えてあげよう』とする人の戦略にはまる」ということです。時には、誤った情報に踊らされることもあるでしょう。

　SNSやブログには、バズるタイトルがつけられたネタがたくさん提供されています。

　その中には、もちろんあなたにピッタリの情報もあるでしょう。

もしあなたが、どの情報が自分に必要で不要なのか選別し、自分なりの答えが出せるのなら、その情報はとても有益なものになります。

　逆に、もし選別できないのなら注意が必要です。

　断片的な情報をつなぎ合わせて、自分なりの解釈をしてしまうからです。

　特に「知る人ぞ知る秘密の投資商品があるのでは？」と思っている人は要注意です。

　かなりの確率で、「これに投資すれば必ず儲かる」といった投資詐欺にまんまと引っかかります。

　騙す側はプロです。

「お金の不安を解決する方法がありますよ。その答えが○○商品ですよ。紹介者限定です。元本保証です」

　などの手口で心の隙間に入り込みます。

　また、恋愛感情につけ込んだロマンス詐欺なども横行しています。

　マッチングアプリやSNSで知り合った人が、「自分たちの将来のために投資をしよう」など甘い言葉をささやいて、投資話を持ちかけるようです。

　金融の専門家でない人に投資商品を勧誘されたら、必ず「金融商品取引業に登録されていますか？」と質問してください。

　もし答えがNOなら、絶対に契約してはいけません。

　または、金融庁のホームページで登録業者を確認しましょう。

本当に大事なのは、「自分で答えを出せること」。

　そのためには、信頼できる書籍や講座で体系的に学ぶことが基本になります。

　最低限の金融知識を身につけ、自分で判断し、運用できる力をつけることが、自分自身を守ることにつながるのです。

　そうでなければ、永遠に誰かに依存し、搾取されることになります。

　本当に経済的に豊かな人生を送りたいなら、自分で判断できるほどの知識を最低限身につけましょう。

## さまざまな商品と、そのリスクを知ろう

　第1章でも説明しましたが、投資リスクとは「危険」という意味ではなく、「価格のばらつき・振れ幅」を指します。

　振り子をイメージしてください。

　振り子は大きく振れることもあれば、振れ幅が小さいこともあります。

　大きなリターンがほしければ、大きなリスクを伴いますし、小さなリターンでよければ、小さなリスクで済みます。

　リスクには大きく分けて「市場リスク」「信用リスク」「流動性リスク」の3種類があることは第1章で解説しましたが、ここではさらに、金融商品や地域によるリスクについて解説します。

　詳しくは他の書籍などでも解説されていますので、本書では最低限知っておいていただきたい点のみに絞っています。

もうすでに知っているという方は、先を読み進めていただいても大丈夫ですよ。

　まず、金融商品には主に次のようなものがあります。
- 株式
- 債券
- 投資信託
- 不動産
- 金（ゴールド）
- 為替（FX）
- 商品先物

　それぞれのリスクを簡単に説明していきますね。

　株式
　株式とは、株式会社が資金を出資した人に対して発行する有価証券です。業績が上がれば株価は上がり、株主は配当金や売却益を期待できます。

　一方、会社の業績が悪ければ株価が下がり、上場廃止になると株式が紙くずになることも。
　金融商品の中では比較的リスク・リターンが高い商品です。
　株主は損失を被る可能性があるため、事業内容や経営状態を把握し、銘柄選定することが重要です。

　債券
　債券とは、国や地方自治体、企業など（発行体）が、投資家から資金を借り入れるために発行する有価証券です。

投資家が発行体にお金を貸して利子を受け取り、満期が来たら貸したお金（額面金額）を返してもらいます。

発行体に支払能力がある限り、利子と額面金額が受け取れるため、株式よりはリスク・リターンが低い資産です。

## 投資信託

投資信託とは、投資家から集めた資金を使って、運用のプロが株式や債券などに投資・運用する商品です。

投資額に応じて運用成果の収益が分配されます。

対象資産によって値動きなどのリスクやリターンが異なります。

## 不動産

不動産投資には、居住用マンションや戸建住宅などの実物不動産を保有する以外にもさまざまな種類があります。REIT（リート、Real Estate Investment Trust）という、小額から気軽に投資できる不動産投資信託もあります。

対象物件や地域にもよりますが、REITのリスク・リターンは株式と債券の中間くらいと考えられます。

## 金（ゴールド）

「有事の金」という格言があるように、金は戦争など世界経済を揺るがす状況下で、資産の逃避先として選ばれてきた歴史があります。

ただ、イメージほど安全ではありません。

価格変動などのリスクが高い割には、リターンはそれほど高くないからです。

また債券のように利息がつかず、株式のように配当も出ません。

メインで投資するよりは、脇役的な投資商品だと考えましょう。

為替（FX）

　為替は一番身近に感じる投資商品かもしれませんが、ハイリスク・ハイリターン商品です。

　土日祝日以外は24時間取引されており、価格変動も激しい為替取引。

　寝ている間に価格が大きく変動することもあり、投資初心者にはおすすめできません。

　為替のメリットを享受したいのであれば、海外株式や海外債券に投資する方法もありますが、あまり為替のニュースに振り回され過ぎないようにしましょう。

図表13　金融商品の種類とそれぞれのリスク・リターン

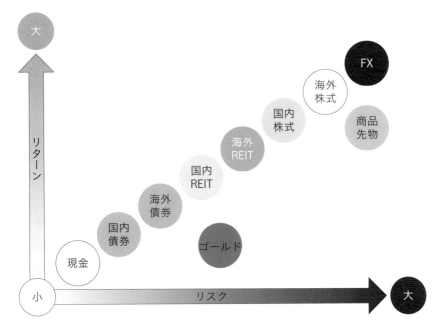

商品先物

先物取引とは、予め定められた期日（満期日）に、対象となる資産を予め決められた価格で売買することを約束する取引で、こちらも投資初心者には向かないハイリスク・ハイリターンの商品です。

原油や金やトウモロコシ、電力、ゴム、大豆などが主な商品です。

商品別のリスクがわかったところで、次に覚えておきたいのが、同じ商品でも対象地域によってリスク・リターンが変わるということです。

わかりやすい例をあげると、国内と海外を比べると、同じ資産でも海外の方がリスク・リターンが大きくなります。

なぜだか分かりますか？

それは、「為替リスク」があるからです。

海外の商品を購入する時は日本円から外貨へ、売却時は外貨から日本円に転換する必要があるため、商品由来の価格変動に、為替変動要因が加わります。

その分、リスク・リターンが大きくなるのです。

また、海外と言っても、国によってリスク・リターンが変わります。

先進国とアジアの新興国を例に考えてみましょう。

先進国は経済が安定している分、経済成長は限定的です。

一方新興国は、先進国に比べると経済基盤は不安定ですが、伸びしろがあります。

つまり、新興国の方がハイリスク・ハイリターンになります。

## リスク許容度とは

　ここまで読んでみて、「リスクを取ってでも資産を増やしたい！」と思った方もいれば、「資産が減るのが嫌だから低リスク商品から始めよう」と思った方もいらっしゃると思います。

　運用成果がマイナスになった場合に、どれくらいまでマイナスを受け入れられるのか、その範囲を「リスク許容度」といいます。
　リスク許容度は人によって違います。主な要因は、運用の考え方や投資経験、年齢、家族構成、収入の見通し、支出・貯蓄の状況などです。

　次の表を見ながら、ご自身のリスク許容度はどのようなものか考えてみると、どのような資産運用をするのかひとつの参考になりますよ。

| リスク許容度 低い ↓ 安定運用 | 消極的 | ①リスクに対する考え方 | 積極的 | リスク許容度 高い ↓ 積極運用 |
|---|---|---|---|---|
| | ない | ②投資経験 | ある | |
| | 短い | ③運用できる期間(年齢) | 長い | |
| | 減る | ④収入・資産の見通し | 増える | |
| | 増える | ⑤支出の見通し | 減る | |

**ポイント**

　商品ごとにさまざまなリスクがあり、どの程度リスクを許容できるかは、人によって大きく異なる。リスクに対する考え方は、資産配分を決める際の判断基準にもなる。

# リスクとの上手な付き合い方

　それでは、どうしたら上手にリスクと付き合えるのか、具体的な手法を見ていきましょう。

　ここでご紹介するのは、世界的な金融機関も採用しているグローバルな手法です。

　専門用語を覚える必要はありません。図のイメージで覚えれば大丈夫です。誰でも簡単に使えるので、ぜひ実践してみてください。

## 1 コア・サテライト戦略

　投資はバランスが大切です。

　いきなりハイリスク・ハイリターン商品に手元の資金を全部投資してしまうと、日々の生活に影響を与えます。

　まず投資初心者は「安定運用」を目指します。

　低リスクの商品に投資したり、少額からコツコツと投資信託を積み立てたりしましょう。個人投資家はこれだけで十分です。

　もし個別株などの高リスク商品に投資したくなったら、多くても全体の20%以内、生活防衛資金や10年以内に使う資金、老後資金を手元に残し、あくまでも余裕資金内にとどめましょう。

　コア部分（80%）
　安定運用（低リスク投資、分散投資、投資信託の長期積立など）

　サテライト部分（20%）
　積極運用（個別株、新興国の株式・債券など）

図表14　資産配分の目安

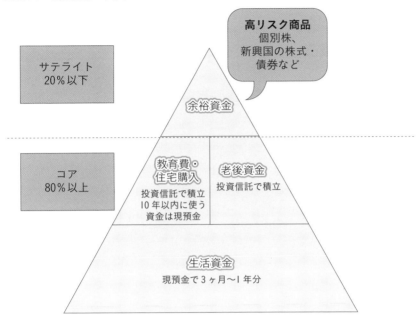

なお、10年以上先に使う老後資金や教育費、住宅購入費は、NISA（ニーサ／少額投資非課税制度）やiDeCo（個人型確定拠出年金）制度、企業型DC（企業型確定拠出年金）制度で投資信託を積み立てて用意しましょう。

積立投資やNISA、iDeCo制度については、後ほど詳しく解説します。

## 2 長期・積立・分散投資

投資は長期で運用した方がよいと言われていますが、その主な理由は、株式は短期間での価格変動が激しい反面、時間の経過とともに株価は上がりやすくなることにあります。

株式会社は、常に業績アップや事業拡大を目指しており、世界経済全体を考えても同じことがいえます。

図表15　全世界の株式の動き

（参考：Trading View より ISHARES MSCI ACWI ETF 2023 年 6 月 1 日の終値）

　今より10年、20年後、さらには30年後に発展するよう、世界中の人々が経済活動をしているのです。

　その結果、グラフのように全世界の株式を対象とする指標も上がっています。

　債券と組み合わせて運用すると、より安定した収益を期待できます。

　次にどのような商品に投資すればよいかを考えてみましょう。

　ここでお伝えしたいのは、「どの商品を選ぶか」ではなく、「さまざまな商品、地域に分散して投資することが大事」ということです。

　そうすれば、リスクとリターンを分散することができるからです。これを「分散投資」といいます。

「卵は1つのカゴに盛るな」という投資格言があります。

　たとえば、Aさんが株式だけに投資したとしましょう。

　それは1つのカゴに卵をすべて盛るようなものですね。もしそのカゴを落としてしまったら、全部割れてしまう可能性があります。

　一方Bさんは、株式に40%、債券に50%、REITに10%投資しました。つまり、卵を3つのカゴに盛ったということになります。

　こうすると、もし株式のカゴを落としてしまっても、残りのカゴは無事ですから、リスクを分散できますよね。

　どのように分散投資するかを考える際は、次のような流れで考えると

図表16　リスク分散のイメージ

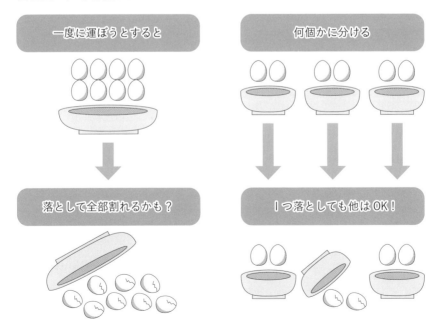

一度に運ぼうとすると

何個かに分ける

落として全部割れるかも？

1つ落としても他はOK！

いいですよ。

ステップ①　異なる商品を選ぶ：株式、債券、REIT、金など

ステップ②　異なる地域を選ぶ：国内、海外

ステップ③　さらに細かく地域を選ぶ：海外のうち先進国、新興国


　さらに、商品や地域以外でも分散投資する方法があります。

　それは「積立」です。買う時期を分散させるという考え方です。


　積立には「定額積立」と「定量積立」の2種類があります。

　中でもおすすめなのが「定額積立」です。

　定額積立の場合、月々の金額を決め、その金額で買えるだけの商品を毎月購入します。商品の価格が下がった際には多く買え、価格が上がった時には少ない数量しか買わないため、平均購入単価が抑えられます。

　その結果、価格変動のブレを小さくする効果を期待できます。


　一方の定量積立は、月々に買う商品の「数量」を決めるため、商品の価格が下がっても上がっても同じ数量を買い続けることになり、価格変動の影響を受けやすくなるのです。

　詳しくは、図表17をご覧ください。


### 3　初心者はインデックス投資から

　みなさん、ニュースで「日経平均」とか「TOPIX」という言葉を聞いたことがありますか？

「日経平均」とは、東証プライムに上場する企業のうち、日本を代表する225社の平均株価指数です。

　銘柄は、日本経済新聞社が流動性や業種のバランスなどを考慮して選びます。

「日経平均株価」「日経225」などと呼ばれることもあります。

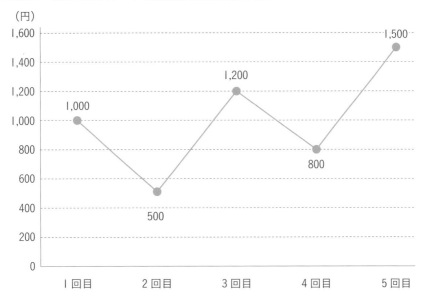

図表17 株価の変動イメージと定額積立と定量積立の違い

定額積立のほうが
より多く、安く買える

| | | 1回目 | 2回目 | 3回目 | 4回目 | 5回目 | 合計 | 1口あたりの平均購入額 |
|---|---|---|---|---|---|---|---|---|
| 1口あたの価格 | | 1,000円 | 500円 | 1,200円 | 800円 | 1,500円 | | |
| 定額積立で毎回3万円ずつ購入した場合 | 資金 | 30,000円 | 30,000円 | 30,000円 | 30,000円 | 30,000円 | 150,000円 | 870円 |
| | 口数 | 30口 | 60口 | 25口 | 37.5口 | 20口 | 172.5口 | |
| 定量積立で毎回30口ずつ購入した場合 | 資金 | 30,000円 | 15,000円 | 36,000円 | 24,000円 | 45,000円 | 150,000円 | 1,000円 |
| | 口数 | 30口 | 30口 | 30口 | 30口 | 30口 | 150口 | |

　一方「TOPIX」は、東京証券取引所に上場する銘柄を対象として算出・公表された株価指数です。

　このような指数を「インデックス」（または「ベンチマーク」）といいます。

　株式投資というと、自分で株式の銘柄を選ぶイメージがあるかもしれません。

191

しかし、星の数ほどある会社から、自分に合った個別銘柄を見つけるには、相当な勉強と知識が必要です。

　仮に十分な知識を身につけたとしても、一般の個人投資家が買えるのは数銘柄。分散投資するには不十分です。

　そこで投資初心者におすすめなのがインデックスに連動した投資信託（インデックス・ファンド）です。

　インデックスとは、市場の値動きを示す指数のこと。

　たとえば日本株式なら、日経平均やTOPIXが有名ですね。

　日経平均なら225銘柄、TOPIXなら約2,200銘柄ありますから、インデックスに連動する投資信託を選べば、初心者でも比較的安全に、分散して投資することができます。

　また、インデックスは世界各国、さまざまな商品に設定されていま

図表18　国内外の代表的なインデックス

| 国内株式 | 先進国株式<br>（除く日本） | 新興国株式 |
|---|---|---|
| 日経平均 | NYダウ<br>（アメリカ） | MSCIエマージング・<br>マーケット<br>（新興国） |
| TOPIX<br>（東証株価指数） | S&P500<br>（アメリカ） | |
| | NASDAQ100<br>（アメリカ） | |
| | MSCIコクサイ<br>（日本を除く先進国） | |
| MSCIオール・カントリー（全世界株式、除く小型株）<br>FTSEグローバル・オールキャップ（全世界株式、小型株含む） | | |

す。たとえばアメリカ株式で有名なインデックスは、「S&P500」や「NYダウ」です。

　代表的なインデックスを表にまとめました。
　商品を選ぶ時に必ず出てくる名前なので、名前だけでも覚えていただくと参考になると思います。

　ちなみに、インデックス・ファンドに対して、アクティブ・ファンドという投資信託もあります。
　アクティブ・ファンドとは、「アクティブ運用」という運用戦略で、インデックス・ファンドを上回る運用成績を目指しています。

　あくまでも「目指している」だけなので、上回ることも下回ることもあります。その上、運用にかかる費用がインデックス・ファンドに比べて10倍近く高いものも。

　商品や経済状況によるので一概には言えませんが、結果的にインデックス・ファンドのほうが運用成績がよいケースが多いです。
　まずは、インデックス・ファンドで平均点を狙いましょう。

## リスク管理を徹底する

　実際に資産運用を始め、軌道に乗ってくると、誰でも「もっともっと」と欲が出るものです。
　その結果、リスクの高い商品に投資したいと考える方もいるかもしれません。

　そんな時には思い出してください。

どうして資産運用を始めようと思ったのかを。

みなさんは、第4章でお金の価値観を明確にし、価値観に沿ったライフプランを立てましたよね。
もう一度、それをじっくり振り返ってみましょう。
**自分が本当にほしい未来を実現するために大事なのは、まずリスク管理**です。
それを忘れずに、資産運用を続けていってくださいね。

どの商品が儲かるかを知るよりも、しっかりリスクを管理し、上手に付き合う方法を身につけたほうが、最終的にはよい結果につながりやすい。

# 雪だるま式運用「複利」の
# パワーを生かす

　ここからは、投資リターンについて深掘りしていきましょう。

　偉人の名言を交えながら、資産が雪だるま式に増える仕組み「複利」について解説していきます。

　みなさんは、20世紀最大の物理学者アルバート・アインシュタインが「人類最大の発明」と呼んだものは何かご存知ですか？

　それは「複利」です。

「複利を理解した人はそれを手にし、理解しない人はそれを支払う」とも語っています。

　複利とは、一言でいうと「利子にも利子がつく」ことです。

　つまりアインシュタインは、「複利を理解して運用すれば、雪だるま式に資産が増える。逆に複利を理解せずに借金をすれば、雪だるま式に借金が増える」と言っているのです。

　複利に対するものとして、「単利」があります。

　単利は、複利とは異なり「元金」だけに利子がつきます。利子で増えた分には利子がつかないのですね。

　単利と複利の違いを、100万円に対して毎年10％の利子がつく場合で考えてみましょう。

　単利では、元本に対して10％の利子がつくので、毎年10万円ずつ増えます。

図表19　100万円を単利と複利で運用した場合の違い

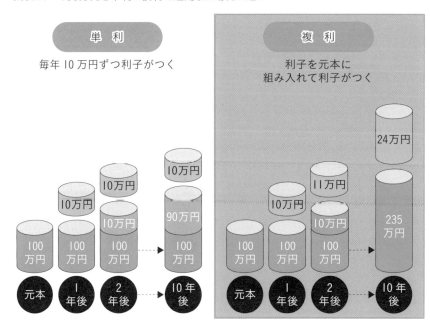

　10年後には利子10万円×10年＝100万円の利子がつくので、10年後の資産は200万円になります。

　これに対し複利は、利子を元本に組み入れて計算します。
　1年目の利子は100万円×10％＝10万円、2年目の利子は（100万円+10万円）×10%=11万円、つまり1年目と合わせて121万円になります。

　このように計算していくと、**10年目には利子の合計が159万3742円になり**、資産の合計は259万3742円。
　単利よりも約59万円も多くなるのです。

　また、投資の神様ウォーレン・バフェットは、複利を活用して資産を

築き上げた偉大な投資家です。

　バフェットは、資産を増やし続けるには、「できる限りくっつきやすい雪を見つけ、その雪をできる限り長く坂を転がすこと」だと強調しています。

「くっつきやすい雪を見つける」とは、配当金を出し続ける銘柄を見つけること。
「その雪をできる限り長く坂を転がす」とは、その配当金をできる限り長く運用することを指します。

　バフェットの投資戦略は10年以上の長期が基本です。
　現在92歳のバフェットですが、資産の95％以上は60代半ば以降に増えたものだといわれています。
　つまり、約20〜30年で「投資の神様」と呼ばれるほどの資産を築き上げるパワーが、複利にはあるのです。
　長期投資における複利がいかにパワフルか分かりますね。

　ちなみにバフェットも、投資初心者がよい個別銘柄を見つけるのは難しいため、「インデックス・ファンドを長期で運用すれば複利のパワーの恩恵を十分に受けられる」と言っています。
　投資の神様とまでいわれる人も、基本の考え方は同じなのですね。

　投資信託では、利益を再投資するので、複利効果があります。
　しかし中には「毎月分配型」など定期的に投資家に分配金を支払うものも。
　分配型は利益を運用することなく払い出すので、自分で利益を再投資しない限り複利のメリットはありません。

それどころか、利益が出ていなくても元本から取り崩して分配金を支払う投資信託もあります。

　投資効率が悪いので、分配型の投資信託は選ばないようにしましょう。

　雪だるま式運用「複利のパワー」を理解できましたか？

　これを理解しているのとしていないのとでは、資産運用の結果に大きな差が生まれてきますので、ぜひ覚えておいてくださいね。

**ポイント**

　効率よく資産運用をするためには、複利の効果を理解することはとても重要である。商品を選ぶ際には必ずチェックしよう。

# 投資信託の選び方

## コストを確認する

ここからは、実際の投資信託の選び方を見ていきましょう。

まず、投資信託を積み立てるには、さまざまなコストに注意を払う必要があります。なるべく費用を抑えて手元に資金を残すためです。

投資信託は10年単位の長期間で積み立てるため、たった0.1%や数百円の違いで数十万円の差がつくこともあります。

まずはどのようなコストがかかるのかを知り、どこでどのように投資をするのが、もっともメリットを享受できるかを考える際の1つのポイントにしてください。

投資信託にかかるコストは、主に5つあります。

購入時手数料
投資信託を買う時に販売会社に支払う手数料です。ジムの入会金のようなものですね。

ノーロードといって、手数料が無料の投資信託も増えています。

信託報酬
投資信託を保有している間、運用会社、販売会社、資産を管理する信託銀行に支払う手数料です。運用管理費用ともいいます。

ジムの月会費のようなもので、投資信託の残高から毎日自動的に差し引かれます。

　たとえば、投資信託の残高が100万円、信託報酬が0.2％とすると、
100万円 × 0.2％ × 1.1（消費税）＝ 2,200円
2,200円 ÷ 365日 ＝ 約6円
が毎日複利で差し引かれます。

　複利のパワーを理解した人はお分かりですね。
　初めはちょっとの差でも、期間が長くなればなるほど、ボディーブローのように後からコストのパンチが効いてきます。

　最近では信託報酬が0.1％程度の投資信託も増えました。少しでも安い投資信託を選びましょう。

### 信託財産留保額
　投資信託を売却する時に発生する解約金です。
　投資信託の財産が減って他の投資家に迷惑をかけないよう、解約する人が費用を負担するものです。
　無料で設定されている商品も多くあります。

### 税金
　投資信託の売却益や分配金が出ると、20.315％の税金がかかります。
　つまり、100万円利益が出たら、20万円ちょっとの税金を支払う必要があるのです。
　この対策としては、一定額まで税金がかからないNISAやiDeCoを活用するということがあげられます。

その他手数料

口座管理手数料は無料の証券会社が多いですが、年間費がかかる会社もあります。

また、iDeCoに加入する際には、加入手数料や毎月口座管理手数料がかかりますので、気を付けて見てみてくださいね。

## 投資信託を選ぶ5ステップ

それでは実際に、投資信託の商品を選んでいきましょう。

ネット証券では独自の投資信託サーチツールが用意されています。

検索条件を指定すると、このあと紹介するステップ②〜④ができる場合がありますので、それを活用してもいいですね。

### ステップ①　資産配分を決める

まずは資産配分を決めますが、どのように決めたらよいか分からないという方も多いかもしれません。

その際に参考になるのが、「リスク許容度診断」というウェブ上の無料診断ツールです。

先ほど「リスク許容度」について説明しましたが、いくつかの質問に答えることで、このリスク許容度に基づいて、おすすめの資産配分を提案してくれるのです。

「リスク許容度診断」と検索すると、無料診断ツールがたくさん出てきますので、たとえば、楽天証券の「楽ラップ」、フィデリティ証券の「投資計画の設定とリスク許容度の診断」といった、信頼度の高い大手証券会社が提供しているものを参考にするとよいでしょう。

その結果を見て、もし配分を変更する場合は、プラスマイナス5％を目安に行うとよいでしょう。

あまりにもかけ離れすぎると、自分のリスク許容度を超える可能性があります。

なお、ツールによってはおすすめの商品が出てきますが、この段階では具体的な商品は無視して、次のステップに進みましょう。

## ステップ②　インデックスを決める

次にどのインデックスにするか決めましょう。

たとえば、国内株式なら日経225やTOPIX、先進国株式（除く日本）ならMSCIコクサイ、全世界株式ならMSCIオールカントリーなどです。

サーチ機能があるネット証券では、「インデックス」を検索条件に指定しましょう。

## ステップ③　低コストの投資信託を選ぶ

販売手数料無料（ノーロード）、信託報酬が安いもの（0.1％前後が目安）を選びましょう。

その次に財産留保額がゼロかどうかチェックします。

## ステップ④　純資産残高100億円以上の投資信託を選ぶ

次は、純資産残高が100億円以上のファンドに絞り込みます。

純資産残高が大きい投資信託は、安定して運用されているからです。

逆に純資産が少ないと、なんらかの理由で資金を集められず、継続的に運用されない可能性があります。

場合によっては繰上償還といって、運用をやめて全額払い出しをする

こともあります。

　サーチ機能があるネット証券では、「純資産100億円以上」を検索条件に指定しましょう。

### ステップ⑤　資産残高が増加傾向かチェックする

　最後に念のため、資産残高が増加傾向かチェックしましょう。

　理由はステップ④と同様、継続的に運用されるかどうかを確認するためです。


　このような流れで考えていくと、さまざまな情報に左右されず、自分自身の考えで投資信託を選ぶことができます。

## NISAとiDeCoについて

　資産運用をするうえで知っておきたい制度として、NISAとiDeCoがあります。


　NISAとは少額投資非課税制度のことです。

　NISAには、一般NISAとつみたてNISAがありますが、いずれも投資信託や株式などの金融商品の売却益や配当（分配金）に対してかかる税金20.315%が、一定範囲内で非課税になるという制度です。


　NISAは2024年に大きく変わりますので、始めるには絶好のタイミングとも言えます。

　大きなポイントは、下記の3つです。


　期間限定の制度から恒久化される

　つみたてNISAは従来の3倍の年120万円、一般NISA（成長投資枠）は2

倍の240万円にまで拡充される

これまでは、つみたてNISAと一般NISAはどちらか一方しか選択できなかったが、2024年からは両方同時に使える

ただし、富裕層に恩恵が偏るのを防ぐため、生涯の投資上限は1,800万円、うち成長投資枠は1,200万円までとなっています。

詳しくは、次の表を参考にしてみてくださいね。

ちなみに、つみたてNISA対象の投資信託は、株式に連動するものかバランス型の商品のみです。

バランス型は、国内外の株式や債券、不動産（REIT）を対象としています。

図表20　2024年に刷新されるNISAの概要

| | つみたて投資枠　併用可 | 成長投資枠 |
|---|---|---|
| 年間投資枠 | 120万円 | 240万円 |
| 非課税保有期間〈注1〉 | 無期限化 | 無期限化 |
| 非課税保有限度額（総枠）〈注2〉 | 1,800万円<br>※簿価残高方式で管理（枠の再利用が可能） | |
| | | 1,200万円（内数） |
| 口座開設期間 | 恒久化 | 恒久化 |
| 投資対象商品 | 長期の積立・分散投資に適した一定の投資信託<br>（現行のつみたてNISA対象商品と同様） | 上場株式・投資信託等〈注3〉<br>（①整理・監理銘柄②信託期間20年未満、毎月分配型の投資信託及びデリバティブ取引を用いた一定の投資信託を除外） |
| 対象年齢 | 18歳以上 | 18歳以上 |
| 現行制度との関係 | 2023年末までに現行の一般NISA及びつみたてNISA制度において投資した商品は、新しい制度の外枠で現行制度における非課税措置を適用<br>※現行制度から新しい制度へのロールオーバーは不可 | |

〈注1〉非課税保有期間の無期限化に伴い、現行のつみたてNISA同様、定期的に利用者の住所等を確認し、制度の適正な運用を担保
〈注2〉利用者それぞれの非課税保有限度額については、金融機関から一定のクラウドを利用して提供された情報を国税庁において管理
〈注3〉金融機関による「成長投資枠」を使った回転売買への勧誘行為に対し、金融庁が監督指針を改正し、法令に基づき監督及びモニタリングを実施
〈注4〉2023年末までにジュニアNISAにおいて投資した商品は、5年間の非課税期間が終了しても、所定の手続きを経ることで、18歳になるまでは非課税措置が受けられることとなっているが、今回、その手続きを省略することとし、利用者の利便性向上を手当て

もしつみたてNISAだけで投資する人は、バランス型も組み入れると株式以外にも分散投資できます。バランス型は信託報酬が安いものを選びましょう。

　一方iDeCoとは、個人型確定拠出年金制度のことです。公的年金（国民年金・厚生年金）とは別に給付を受けられます。
　年金なので、資金が引き出せるのは60歳以降です。
　また、みなさんの中には、企業型DC（企業型確定拠出年金制度）が導入されている会社にお勤めの人もいるでしょう。

　iDeCoや企業型DCは老後資金用です。
　定年退職間近に大きく資産を増やしたいと、株式100％にしたら、相

図表21　NISAとiDeCoの違い

| | iDeCo | つみたてNISA | 一般NISA |
|---|---|---|---|
| 利用可能期間 | ・20歳〜64歳まで（会社員・公務員・国民年金被保険者）・20歳〜60歳まで（上記以外） | ・18歳以上、最大20年間・最終投資は2023年、2042年まで保有・運用可 | ・18歳以上、最大5年間・最終投資は2023年、2027年まで保有・運用可 |
| 対象商品 | 投資信託、定期預金、保険 | 金融庁指定の投資信託、ETF | 投資信託、ETF、上場株式 |
| 運用方法 | 積立投資 | 積立投資 | 通常買付、積立投資 |
| 非課税の上限額 | 年間14.4万〜81.6万（職業による） | 年間40万円まで | 年間120万円まで |
| 非課税対象 | ・運用益・掛金全額が所得控除・受取時に一定額非課税 | 運用益 | 運用益 |
| 資金の引出し制限 | 原則60歳まで引き出せない | なし | なし |
| 口座管理手数料 | ・積立をする場合：月額171円〜・積立をしない場合：月額66円〜 | なし | なし |
| メリット | ・節税効果が一番高い・10年以上の長期で運用できる | ・非課税期間が長い・初心者でも商品が選びやすい・いつでも資金を引き出せる | ・非課税枠が大きい・対象商品が多く、積立も一括購入もOK・いつでも資金を引き出せる |
| デメリット | ・原則60歳まで引き出せない・毎月手数料がかかる | ・選べる商品が少ない・非課税枠が小さい | ・非課税期間が短い・知識がないと商品が選びにくい |
| 注意事項 | 2022年10月より、企業型確定拠出年金（企業型DC）加入者も原則併用可能 | つみたてNISAと一般NISAはいずれか一方のみ選択可 | |

場が悪くて半分近くに減ってしまった話も聞きます。

　幅広く分散して、50代以降はリスクを取りすぎないように気をつけましょう。大きく失敗してしまうとリカバリーが難しくなります。

　また、2022年10月から企業型DCとiDeCoの併用が原則できるようになりましたが、企業型DCとiDeCoの掛金には上限があります。
　気になる方は調べてみてくださいね。

　次の表に、NISAとiDeCoの違いを簡単にまとめてありますので、自分にはどれがあっているのかを考える際に活用してください。

## 運用成績をチェックしすぎないことも、資産運用のコツ

　ここまで、実際に投資信託の選び方を考えてきましたが、最後に「運用成績との付き合い方」をお伝えしておきます。

　先ほどもお話ししたように、資産運用がうまくいくと、人は「もっともっと」と欲が出るものです。
　運用成績が気になるのはわかりますが、頻繁にチェックして一喜一憂していると、ちょっとした市場変動に焦って、判断を誤ることもあります。

　長期運用が基本なのですから、運用成績をチェックするのは年に1度くらいで十分です。
　年末や3月、自分の誕生日など、決まったタイミングで見直しができるといいですね。
　チェックした際に、当初の資産配分から5%以上の差があるようなら、元の資産配分に戻すリバランスをしましょう。

リバランスについては第6章で詳しく説明しますが、基本は結婚、出産、住宅購入など、大きなライフイベントが起こったり、年代が上がったりしたとき以外は、一度設定した資産配分をコロコロ変えてはいけません。

　このような心構えと考え方で資産運用に取り組むことができれば、情報に左右されず、自分の力で判断し、理想の未来に近づいていくことができます。
　ぜひ、第一歩を踏み出してみてくださいね！

**ポイント**

> 投資は「長期積立分散投資」が鉄則。それを踏まえて、自分の価値観、状況、実現したい未来にふさわしい資産運用を自分で考え、実行していこう。

図表22　ライフイベントと費用の目安

| カテゴリー | ライフイベント | かかるお金 | |
|---|---|---|---|
| 教育費 | 幼稚園・保育園<br>（3年間） | 公立 | 49.5万円 |
| | | 私立 | 92.6万円 |
| | 小学校（6年間） | 公立 | 211.5万円 |
| | | 私立 | 1,000.0万円 |
| | 中学校（3年間） | 公立 | 161.6万円 |
| | | 私立 | 430.9万円 |
| | 高校（3年間） | 公立 | 153.9万円 |
| | | 私立 | 316.3万円 |
| | 短大（2年間） | 公立 | 217.9万円（下宿 ＋150万円） |
| | | 私立 | 316.2万円（下宿 ＋150万円） |
| | 大学（4〜6年間） | 国公立 | 478.9万円（下宿 ＋300万円） |
| | | 私立文系 | 666.5万円（下宿 ＋300万円） |
| | | 私立理系 | 805.5万円（下宿 ＋300万円） |
| | | 私立家政・芸術・体育・保健科 | 748.6万円（下宿 ＋300万円） |
| | | 私立医歯系 | 2,520.5万円（下宿 ＋440万円） |
| マイホーム<br>購入 | 土地付き<br>注文住宅 | 全国平均 | 4,455万円（手持金 412万円） |
| | | 首都圏 | 5,133万円（手持金 509万円） |
| | | 近畿圏 | 4,658万円（手持金 430万円） |
| | | 東海圏 | 4,379万円（手持金 378万円） |
| | 建売住宅 | 全国平均 | 3,605万円（手持金 270万円） |
| | | 首都圏 | 4,133万円（手持金 327万円） |
| | | 近畿圏 | 3,578万円（手持金 282万円） |
| | | 東海圏 | 3,139万円（手持金 178万円） |
| | 新築マンション | 全国平均 | 4,528万円（手持金 786万円） |
| | | 首都圏 | 4,913万円（手持金 878万円） |
| | | 近畿圏 | 4,478万円（手持金 792万円） |
| | | 東海圏 | 4,262万円（手持金 539万円） |
| | 中古マンション | 全国平均 | 3,026万円（手持金 419万円） |
| | | 首都圏 | 3,295万円（手持金 463万円） |

| マイホーム購入 | 中古マンション | 近畿圏　2,654万円（手持金　368万円） |
|---|---|---|
| | | 東海圏　2,601万円（手持金　244万円） |
| 家のリフォーム | 戸建て | 目安　15〜200万円 |
| | | 水回り　15〜150万円（10〜20年毎） |
| | | 外壁　60〜260万円（30坪の住宅、10〜15年毎） |
| | | 屋根　15〜260万円（30坪の住宅、10〜15年毎） |
| | マンション | 目安　50〜250万円 |
| | | 水回り　10〜300万円 |
| | | 内装全体　81〜150万円 |
| | | フルリフォーム　600〜1,500万円 |
| 子どもの援助 | 就職活動費 | 7〜15万円（スーツ代、交通費、宿泊費、PCなど） |
| | 結婚費用 | 371万円 |
| 老後資金 | 老後の生活費 | 現在の生活費から割り出す |
| | | 平均金額　28〜40万円/月 |
| | 介護費用 | 17.3万円/月（介護保険受給者の負担額） |
| その他 | 生活防衛資金 | 生活費の3ヶ月〜1年分<br>（子育て世代は6ヶ月〜1年分） |

第 **6** 章

資産形成の
先にあるもの

# 不測の事態にどう備えるか

　最終章では、資産形成をした先にどんな未来が待っているのか、どうしたらよい状態を長く保てるのかをご紹介します。

　第4章では現状とライフプランについて、第5章でリスク許容度について「見える化」をしました。
　みなさん、どんな気持ちになりましたか。
　もやもやとしていた不安が消えて、視界がクリアになった人が多いのではないでしょうか。

　老後資金は足りるのだろうかなど、なんとなく不安だった状態から、現状を踏まえて具体的に何をしていけばよいのか、道すじが見えてホッとしたことでしょう。

　この見える化は一度やるだけでも効果的ですが、いつでも見える状態にするとさらに安心です。
　何かあっても簡単に軌道修正できるからです。

　そのため、**自分の価値観に合った未来を実現するためには、持続可能な見える化をしていくことが大きなポイント**になります。
　ここでは最小限の努力で見える化を持続し、将来の安心を手に入れるコツをご紹介します。

## 見える化をすると、不安がやわらぐ

　第4章ではライフプランシートを作成しましたが、収支や資産・負債は状況が変わるので、毎回一から作るのは大変です。

　次の要領でデータを更新すると、ラクに見える化が継続できます。

　家計簿アプリの活用

　家計簿は、細かすぎると挫折しやすいもの。

　大切なのは、ざっくりと全体像を把握することです。

　そこでおすすめなのが家計簿アプリです。

　今は、収支だけでなく資産（負債）まで管理できる家計簿アプリがあります。無料で使える家計簿アプリを提供する銀行も増えてきました。

　また、コロナ禍ではキャッシュレス決済が進みました。

　電子マネーやクレジットカード、銀行や証券会社などと自動連携できるアプリを選ぶと、入力の手間が省けます。

　夫婦で使うと、家族単位で見える化できるので、さらに便利ですね。

　家計簿アプリを選ぶ際は、
- クレジットカード、電子マネー、QRコード決済、銀行、証券会社などとの自動連携機能がある
- 評判がよく、セキュリティがしっかりしている
- 自分が使っているメインバンクと自動連携可能である
- 連携できる口座数が、資産管理をしたい銀行、証券を全てカバーできること

を基準に選ぶと、手間を省くことができますよ。

■ ライフイベントの更新

年末年始に1回、ライフプランをチェックして、新しいライフイベントといった大きな変更があれば更新します。

新しいライフイベント例は、次のようなものがあります。
- ・子どもが増えた
- ・子どもを公立学校ではなく私立に行かせたい
- ・転職して給料が変わった
- ・住み替えたい
- ・リフォームをしたい
- ・予定よりも早く（遅く）退職したい
- ・結婚（離婚）する

また、不確実性の高いライフイベントについては、生活防衛用の貯蓄と民間の保険で柔軟に対応するものだと考えましょう。

心配性な人は、起こるかどうかわからないことまで細かく計画を立てたくなるかもしれませんが、人生は状況によって変わるもの。

確実に訪れるライフイベントはざっくり目安で考え、それ以外のイベントは、随時追加したり、柔軟に対応していきましょう。

## 「保険に入っていれば安心」と過信しない

不測の事態に備えるというと、保険をイメージする方も多いでしょう。ここで保険の役割を整理しておきます。

日本は慎重な国民性から、約8割の人が生命保険に加入しています。

　保険は家族の死亡・けがや入院など、稀に起こる不測の事態に備えるものです。

　特にお子さんなど扶養家族が多い人にとっては心強い存在でしょう。

　ただ過剰な保険契約は生活を圧迫しかねません。

　民間の保険は公的保険や貯蓄を補うものです。必要な分だけ加入して、賢く活用しましょう。

　日本の社会保障制度は充実しています。

　たとえば、職を失った時の「失業手当」、治療費の払戻しが受けられる「高額療養費制度」、病気やケガで仕事ができない場合の「傷病手当金」など、いざという時に国や地方公共団体などが一定水準を保障してくれます。

　また、子どもの医療費を助成する市区町村も増えています。

　民間保険の必要保障額は以下の通りです。この計算式で試算してみると、掛け捨ての保険の場合保険料が抑えられることがあります。

　一度確認してみて、過剰なものは整理できるといいですね。

　民間保険の必要保障額＝
　残された家族が生活するために必要な金額－（公的保障＋残された家族の収入や貯金）

## 現預金はどのくらいあればいいのか

　現預金は、生活防衛資金として生活費の3ヶ月〜1年分、子どもがい

る家庭や50歳以上は6ヶ月〜1年分の貯蓄をおすすめします。

　10年以内に使う予定がある資金についても、現預金で持っているほうが安心です。

　それ以外は、保険ではなくつみたてNISAやiDeCoを活用して資産運用するなど、資産を増やすほうに活用できるといいでしょう。

　不測の事態に備えることも大切ですが、私たちは幸せになるために生きているはずです。

　起こる確率が低く、自分でコントロールできない不幸な出来事を考えすぎて、振り回されないようにしましょう。

## 資産配分は状況に応じて変えていく

　第5章で紹介したリスク許容度は、年代やライフイベントによっても変化していきます。

　たとえば、独身の20代は定年まで十分な時間があり、扶養家族もいない場合が多いでしょう。

　そのため、リスクを取って株式の比率を高め、約40年という長い時間を味方につけて運用できます。

　一方、5人家族の50代は、扶養家族が多い上に定年が迫っているため、大きなリスクを取れません。

　20代と比べて運用期間が短くなるので、債券などの安全資産の比率を高める必要があります。

大きなライフイベントが起きたり、30代から40代など年代が上がっ
たりしたら、もう一度リスク許容度を診断しましょう。

　診断をすれば、その時に最適な資産配分が分かります。

　ただし、先にご説明したとおり、特別な理由なく頻繁に資産配分を変
更するのはおすすめできませんので、ご注意ください。

**ポイント**

　不測の事態に備えるための資産形成だが、完璧を期すことは難
しい。起こるかわからないことに過度に恐怖心を抱くのではなく、
「できることをちゃんとやる」ことが大切。

第6章　資産形成の先にあるもの

# 年1回の見直しで「知らない間に お金が増える」状態を保つ

　積立投資と見える化ができれば、あとはほとんどやることはありません。

　毎月積立を設定すれば、自動的に積立されますし、家計簿アプリの自動連携を活用すれば、データの手入力を減らせて、半自動で最新の状況が分かります。

　10年、20年という長いスパンで運用すれば、知らない間にお金が増えやすくなります。

　もしやることがあるとすれば、年に1回ちょっとした見直しをするくらいです。

　実はこの「年に1回の見直し以外は何もやらない」状態を保つのが、案外難しいのです。

　ここで面白いエピソードをご紹介しましょう。

　2003〜2013年、世界的に有名な投信販売・運用会社フィデリティが属性別に顧客の運用成績調査を行いました。

　一番運用成績がよかったのはどんな人だったと思いますか。

　なんと正解は、「フィデリティに口座があることを忘れていた人」だそうです。

　SNSでは「どんな投資セミナーよりも役に立つ情報だ」との声もあがっていました。

　この結果が何を物語っているのか分かりますか？

一言で言うと、この調査結果は、

「多くの人が投資判断を誤ってしまうので、ほったらかし運用の方がよい」

　ということを示しています。

「どうやったら儲かるか」ではなく、「どうしたら誤った投資判断を避けられるのか」に重きをおけばよいのです。

　そのことを頭に置いて、以下のルールを守り続けていきましょう。

## 自信過剰にならない

　ファイナンシャル・セラピーが誕生した経緯のところでもお話ししましたが、プロの投資家やトレーダーでも、市場の動向に一喜一憂したり、判断を誤ってしまうことがあるものです。

　どんなに勉強したとしても、運用成績がよかったとしても「自分は優秀な投資家だ」と過信しないようにしましょう。

「もっと資産を増やすことができるのではないか？」と感じたら、一度「お金の価値観」に立ち戻ってみてください。

## 市場予測をしない

　金融経済に興味が湧いて、勉強するのはよいことです。

　ただ、本当に多くの人がやってしまいがちなのですが、市場予測のために勉強しようとしないでください。

　勉強するなら、自分が投資している商品について、より深い知識を身につけましょう。

　また、金利、株式、為替の仕組みや中央銀行の役割などについて学びを深めれば、経済ニュースを読みこなせるようになるでしょう。

投資は淡々と「毎月定額積立」のみで十分です。

※ 一攫千金を狙わない

ここまで読んでくださったみなさんなら、もうお分かりですよね。

一攫千金は投資ではなく、投機です。

一攫千金を狙う暇があるなら、もっと幸せを感じることに時間を使いましょう。

たとえば、リスキリングなどで自分自身を磨いたり、家族とのんびり過ごしたり、自分の趣味に没頭するなどです。

「いつの間にかお金が増えている」状態が真の豊かさへのパスポートです。

「お金は必要な時にそばにいてくれる」。

ファイナンシャル・セラピーでお金の価値観に気づき、それに基づいたライフプランを作成してきたあなたなら、ギャンブルにお金を費やさなくても、自分の力で資産運用を続けることでその状態を作ることができますよ。

## 年に1回の見直しで確認したい3つのポイント

年に1度の見直しで確認したいのは、次の3つのポイントです。

※ 年末年始に1回だけ、運用成績とライフプランをチェック
※ 資産配分が5％以上変動、またはライフイベントの変更があったらリバランス
※ 年代が上がったらリスク許容度を再診断して、資産配分を見直す

「リバランス」とは資産配分の調整です。

　商品の価格が上下することで、崩れてしまった当初の資産配分を元の状態に戻します。これはプロの運用会社もやっている手法です。

　なぜリバランスが必要かというと、資産配分が変わるとリスクが大きくなり過ぎたり、期待通りの運用ができなくなったりするからです。

　リバランスは、初めに決めた資産配分から、1つでも5％以上増減している商品があったら、全体の資産配分を調整します。

　もし、その変動が金額で見て1～2万円のズレだったとしても、割合が5％を超えているならば毎年やるのがおすすめです。

　なぜなら、1年単位ではわずかな差でも、長期間放置しておくと大きなズレとなり、運用に支障をきたしてしまうからです。

　リバランスの手法には、大きく分けて2つあります。

　1つ目は、増えた資産を売却して少ない資産の購入に当てる方法です。5％以上増えた商品を売却し、逆に割合が減った商品を買い増すのです。

　この方法は、NISAやiDeCo制度を使う場合に適しています。

　売却益が非課税で購入手数料が無料だからです。

　ただし、売却時に解約手数料（信託財産留保額）がかかる商品を売却する場合は、もうひとつの方法が適しています。

　それは、比率が一番高い商品の金額に合わせて、他の商品を買い増すというやり方です。

どちらの方法が適しているかは状況によって変わりますが、年に1回見直しておくと、大きなリスクを回避することができます。

　最低限の基本をしっかりと実行していくことこそが、理想の未来を実現する近道なのです。

**ポイント**

　お金を増やしたいからといってとらわれすぎると、かえって執着が生まれ、判断を誤ることもある。定期的に基本に立ち返ろう。

# 心豊かなお金の習慣を身につける

　最後に、本書で学んだことを習慣化して、よい状態を保つ「お金の習慣」をご紹介します。

　お金の習慣というと、とても難しいことだと思う方もいらっしゃるかもしれませんが、お金の習慣はダイエットと同じようなものです。

　ダイエットのために無理な食事制限や運動をするのは誤った知識であることは多くの人が知っていますが、「健全にお金を増やすためのセオリー」を知る人は多くありません。
　つまり、正しい知識に基づいて「使う、増やす、収支管理する」習慣を整えることが、「お金の習慣」なのです。

　ここでは、私のセミナーを受講してくださった方からも特に反応がよかった、心豊かなお金の習慣を4つご紹介します。

**心豊かなお金の習慣①　節約ルールを決める**
　我慢する節約の代わりに実践したいのは、節約ルールを守ること。
　まず、金額が大きくて効果が持続するもののうち、あまり我慢が必要でないものを選びます。
　そうお話しすると、住居費や保険の見直しを考える方が多いのですが、すぐに引っ越したり、必要な保険を削ったりするのは、現実的ではありませんよね。
　そこで比較的手をつけやすいのが、スマホ・通信費とサブスクの見直しです。

現在、携帯電話サービスは格安SIMが充実していますので、手軽に見直すことができます。

　また、スマホが普及したことで、さまざまなアプリでサブスクサービスが導入されていますが、毎月自動で引き落とされるため、解約を忘れてしまっているものもあるのではないでしょうか。

　一つひとつは大きな金額には見えなくても、「塵も積もれば山となる」というように、さまざまなサービスのサブスク料金を年間で合計すると思った以上に使ってしまっていたということもあります。

　一度見直してみると、支出を整えることができますよ。

　ほしいものがあるとすぐ買ってしまうタイプの人は、気がつくとお金が手元に残っていないこともありますよね。

　節約ルールとして「買う前に本当に必要かチェックする」といったことを習慣にすると、無駄な出費をおさえられます。

　お金の価値観をベースにしながら、自分なりの節約ルールを考えてみてくださいね。

**心豊かなお金の習慣②　お金は全体像で、継続的に把握する**

　繰り返しになりますが、お金の管理は全体像の把握が大事です。

　細かさより全体、完璧よりも継続を大事にしましょう。

　先にご紹介した家計簿アプリやキャッシュレス決済を使うと、あまり手間をかけずにおおまかな全体像を把握できます。

　定期的にチェックすることで必要に応じて軌道修正していけば、無理なく一歩一歩、理想の未来に近づいていることを実感できるでしょう。

**心豊かなお金の習慣③　資産運用のルールを守る**

　この項目は、ここまでで何度もお話ししてきましたので、もう十分お分かりですよね。まずは、先取り貯蓄の習慣を身につけましょう。目安は月収の10〜20%です。

　そうしたら、あとは投資の鉄則「長期積立分散投資」を守るだけ。
　心豊かな習慣②ができていれば、自分の運用は正しいと自信が持てるはずです。
　不安になった時は、自分自身のお金の価値観とライフプラン、投資の鉄則に立ち返ってみてくださいね。

**心豊かなお金の習慣④　お金にまつわる感情に気を配る**

　そしてこの習慣の実行に大きな影響を与えるのが、お金に対する「感情」です。
　第4章のお金の価値観ワークを通して、ネガティブなお金の口癖をなくしたり、お金への執着を手放したりしましたね。
　それを思い出してください。

　価値観とは、そう簡単に変わるものではありません。
　気づけばついつい口に出ていたりします。
　お金は毎日使うものだからこそ、お金に対してネガティブな感情を抱いていないか、普段から気を付けてみてくださいね。

## お金の本質とは何か

　みなさんは、お金の本質とは何か考えたことはありますか。
　お金の価値観ワークで分かったように、お金の定義は人それぞれです

が、本書の最後にお金の一般的な役割・機能から、お金の本質を確認しておきましょう。

　もともとお金は物やサービスを交換するための手段・ツールでした。
　しかし、時代の流れとともにツール自体が富として価値を持つようになりました。ツールをたくさん持っていると、価値あるものをたくさん持っていると解釈されるようになったのです。

　お金は私たちが生きていくうえで切っても切り離せないツールです。
　だからこそ、無意識の思い込みが形成され、現代ではお金の有無によって自分自身の価値を疑ってしまうなど、自分のセルフイメージと結びつくようにすらなっています。

　このように、お金そのものを自分の価値と結びつけると、生きづらさが増してしまいます。

　しかし、もともとお金は単なるツールです。
　そのお金にいろんな意味づけをしているのは、私たち自身なのです。
　ファイナンシャル・セラピーを通じてその本質に立ち返り、自分の人生を豊かにするためのツールとして、上手に付き合っていける人が増えることを心から祈っています。

ポイント

　よい習慣を身につけるには、正しい知識を身につけ、自分らしい価値観を持つことが不可欠である。

## あとがき

　本書を最後までお読みいただきありがとうございます。

「資産運用の始め方」や「お金持ちのマインドセット」といった知識・
概念のマネー本が多い中、「お金の価値観」に目を向ける本書は斬新
だったかもしれません。

　この本を最後まで読んで、実践していただくと、「お金の価値観」に
気づいて、周りに左右されることなく、自分に合ったお金の対策がで
き、お金の不安をやわらげることができます。
　そして、ご紹介したお金の習慣を続ければ続けるほど、複利のパワー
のように、じわりじわりと豊かさを実感できることでしょう。

　そして、お子さんがいらっしゃる方へ特にお伝えしたいことがありま
す。
　それは、「ぜひあなたが実践する姿を見せてあげてください」という
ことです。

　私の父が幼い私に見せてくれたように、子どもと親は合わせ鏡のよう
な関係。
　あなたがよいお金の習慣を続ければ、「いつの間にかお金は貯まって、
必要な時にそばにいてくれる」と、お子さんは感じ取ってくれることで
しょう。
　それが自然と世代を超えたお金の教育となり、子どもたちを経済格差
から守ってくれるかもしれません。

また、出版にあたり私を支えてくださったみなさまへ。

この本の誕生のきっかけをくださった、笹木郁乃さんとPR塾の方々、NLPマネークリニック®の一部引用を承諾くださった開発者のティム・ハルボム先生とクリス・ハルボム先生、ハルボム先生と連携してくださったNLP-JAPANラーニング・センターの方々、編集者の加藤実紗子さん、この本を無事に上梓することができ、感謝の気持ちでいっぱいです。本当にありがとうございます。

最後に、ここまで読んでくださったみなさまへ。

ここまでお読みいただき、本当にありがとうございました。最後に、感謝の気持ちを込めたプレゼントの企画です（期間限定 2024年7月末まで）。

本書の感想を「#ファイナンシャルセラピー」をつけてSNSに投稿してくださった方全員に、上原千華子本人が本書を全ページ解説した「音声解説 うえちかのファイナンシャル・セラピー」をプレゼントいたします。

本書と合わせてぜひご活用ください。

次のページの LINE公式に、SNS投稿のスクリーンショットをお送りいただけましたら、プレゼントをお送りいたします。もちろん、感想もすべて読ませていただきます。

また、感想を投稿される際は、気軽に私のSNSアカウントをタグ付けしてみてください。私も積極的にシェアいたします。

Facebook：chikako.uehara.330
Instagram：@chikako_uehara
Twitter ：@chikakouhr

私は、本書によって「お金の不安」がやわらぐ人がたくさんいると思っています。

　読者のみなさまのSNS投稿によって、ファイナンシャル・セラピーの可能性に気づいていない人にも手に取っていただきたいと強く願っています。

　それでは、「音声解説 うえちかのファイナンシャル・セラピー」で、またお会いしましょう！

　コツコツと実践した先には、あなたが想像する以上の未来が待っています。

　ファイナンシャル・セラピーを通して、読者のみなさまがお金と健全に付き合い、経済的、精神的豊かさを得られますように！

2023年7月

上原千華子

上原千華子ライン公式
https://lin.ee/vHuV9dP

## 【プロフィール】
## 上原 千華子（うえはら　ちかこ）

金融教育家。欧米投資銀行勤務歴17年、個人投資家歴26年。証券外務員一種、最新の心理学NLPを使ったマネークリニック®認定トレーナー。金融知識だけではお金の不安が消えなかった経験から、心理学を取り入れたライフプランと資産運用を教えている。「お金の教育をもっと身近に、心から豊かな人生を」がモットー。

投資銀行では、金利・債券トレーディング部のリスク管理、クライアントサービスに従事。億単位のお金を動かすトレーダーの右腕となり、取引のリスク管理と顧客対応を行う。30%の業務効率化、海外チームへの業務移管などプロジェクトマネージャーとしても活躍。

2018年（株）ウェルス・マインド・アプローチ創業。企業より業務効率化プロジェクトを受注。並行して資産運用講座を実施し、2022年より「3ヶ月マネー実践講座」を提供開始。ライフプランから資産運用まで自分でできるようマンツーマン指導。多忙な中小企業経営者から支持され、口コミでビジネスが広がっている。

「お金の不安」をやわらげる科学的な方法
## ファイナンシャル・セラピー

2023年7月30日　初版第1刷発行

著　者——上原 千華子
©2023 Chikako Uehara

発行者——張 士洛

発行所——日本能率協会マネジメントセンター
〒103-6009 東京都中央区日本橋2-7-1 東京日本橋タワー

TEL 03(6362)4339(編集)／03(6362)4558(販売)
FAX 03(3272)8127(編集・販売)
https://www.jmam.co.jp/

カバー・本文デザイン——山之口正和＋齋藤友貴（OKIKATA）
本文DTP——株式会社RUHIA
印刷・製本——三松堂株式会社

ISBN 978-4-8005-9128-9　C2034
落丁・乱丁はおとりかえします。
PRINTED IN JAPAN